Bei der Heimkehr nach einem Besuch der Oper *Così fan tutte* finden Mr. und Mrs. Ransome, er Anwalt und Mozart-Liebhaber, sie Hausfrau, ihre Wohnung vollkommen leergeräumt vor. Dieses rätselhafte Ereignis wirft das Ehepaar unversehens aus der Bahn ihres wohlgeordneten Alltagslebens. Mr. Ransome vermißt seine geliebte Mozart-Musik. Und Mrs. Ransome fühlt sich verunsichert ohne all die Gegenstände, die den gediegenen Wohlstand ihres Haushalts ausmachten. Um den Alltag provisorisch zu managen, bedarf es einiger lebensnotwendiger Anschaffungen. Aber was ist lebensnotwendig? Mrs. Ransome durchstreift Läden, die sie zuvor nie aufgesucht hätte, gerät in Gegenden, die ihr fremd waren. Doch statt Verzweiflung, weil die Polizei die Einbrecher nicht findet und die Zahlung der Versicherung auf sich warten läßt, verspürt sie ein neues, merkwürdig prickelndes Gefühl von Abenteuerlust und Lebensfreude in sich aufsteigen. Und als ihre Möbel eines Tages unter ebenso rätselhaften Umständen wieder auftauchen, ertappt sie sich dabei, sogar leicht enttäuscht zu sein, daß die Zeit, als sie nur noch besaßen, was sie am Leibe trugen, und so vieles wieder möglich schien, nun ein Ende haben soll.

Eine Geschichte voller Lebensweisheit, sanfter Ironie und überraschender Wendungen.

Alan Bennett wurde in Leeds geboren. Er studierte in Oxford und Cambridge und ist heute als Dramatiker in England sehr populär. Er schreibt fürs Theater und fürs Fernsehen und hat u. a. eine Adaptation des englischen Kinderbuchklassikers von Kenneth Grahame, ›Der Wind in den Weiden‹, fürs Nations Theatre verfaßt. Seine Erzählung ›Alle Jahre wieder‹ wurde 1997 in der Vorweihnachtszeit von Radio BBC, vom Autor selbst gelesen, mit großem Erfolg ausgestrahlt.

Alan Bennett

Alle Jahre wieder

Eine kleine Geschichte

Aus dem Englischen
von Brigitte Heinrich

Mit Zeichnungen von
Sabine Wilharm

Fischer Taschenbuch Verlag

Deutsche Erstausgabe
Veröffentlicht im Fischer Taschenbuch Verlag GmbH,
Frankfurt am Main, November 1999

Die englische Originalausgabe erschien
am 28. November 1996 in: *The London Review of Books*
unter dem Titel ›The Clothes They Stood Up In‹
und in Buchform 1998 bei Profile Books Ltd., London

Gesamtherstellung: Clausen & Bosse, Leck
Printed in Germany
ISBN 3-596-14655-0

Alle Jahre wieder

Bei den Ransomes war eingebrochen worden. »Wir sind bestohlen worden«, sagte Mrs. Ransome. »Es ist eingebrochen worden«, korrigierte Mr. Ransome. In Häuser wurde eingebrochen, Personen wurden bestohlen. Mr. Ransome war von Beruf Anwalt und fand, daß es auf Worte ankam. Allerdings war ›eingebrochen‹ ebenfalls das falsche Wort. Einbrecher sind wählerisch; sie suchen aus. Sie nehmen den einen Gegenstand mit und ignorieren andere. Es gibt eine Grenze dessen, was Einbrecher mitnehmen können: Sie nehmen beispielsweise selten Sessel mit, und Sofas sogar noch seltener. Diese Einbrecher taten das. Sie nahmen alles mit.

Die Ransomes waren in der Oper gewesen, in *Così fan Tutte* (oder *Così*, wie Mrs. Ransome zu sagen gelernt hatte). Mozart spielte in ihrer Ehe eine wichtige Rolle. Sie hatten keine Kinder, und wäre es nicht Mozarts wegen gewesen, hätten sie sich wahrscheinlich bereits vor Jahren getrennt. Mr. Ransome nahm stets ein Bad, wenn er von der Arbeit nach Hause kam, und danach sein Abendessen. Nach dem Abendessen nahm er noch ein Bad, diesmal in Mozart. Er schwelgte in Mozart; er rekelte sich in ihm; der kleine Wiener wusch all den Schmutz und Ekel von ihm ab, den er den ganzen Tag lang in seinem Büro ertragen mußte. An diesem besonderen Abend hatte er ein öffentliches Bad genommen, in Covent Garden, wo sie direkt hinter dem Innenminister saßen. Auch der badete in der Musik und wusch die Sorgen des Tages von sich ab, Sorgen, die demnächst, wenn auch nur in Form einer Statistik, die Ransomes mit einschließen würden.

An einem normalen Abend teilte Mr. Ransome sein Bad jedoch mit niemandem; Mozart kam ganz persönlich zu ihm über Kopfhörer und einen Turm komplexer und fein aufeinander abgestimmter Stereogeräte, die Mrs. Ransome niemals anrühren durfte. Mrs. Ransome gab der Stereoanlage die Schuld an dem Einbruch, denn auf die hatten es die Einbrecher vermutlich in erster Linie abgesehen. Der Diebstahl von Stereogeräten ist alltäglich; nicht so der Diebstahl von Teppichböden.

»Vielleicht haben sie die Stereoanlage in den Teppich gewickelt«, sagte Mrs. Ransome.

Mr. Ransome erschauerte und sagte, wohl eher in ihren Pelzmantel, worauf Mrs. Ransome wieder anfing zu weinen.

Die *Così* war nicht besonders eindrucksvoll gewesen. Mrs.

Ransome konnte der Handlung nicht folgen, und Mr. Ransome, der es nie versuchte, fand, daß die Vorstellung nicht mit den vier Aufnahmen des Werks zu vergleichen war, die er besaß. Die Schauspielerei fand er unweigerlich ablenkend. »Die wissen alle nicht, was sie mit ihren Armen machen sollen«, sagte er in der Pause zu seiner Frau. Mrs. Ransome dachte, daß es wahrscheinlich nicht nur die Arme waren, sagte aber nichts. Sie überlegte, ob der Schmorbraten, den sie bei Gasstufe vier im Backofen gelassen hatte, zu trocken werden würde. Drei wäre vielleicht besser gewesen. Er mochte sehr wohl zu trocken geworden sein, doch deshalb hätte sie sich keine Sorgen zu machen brauchen. Die Diebe nahmen den Backofen mit und mit ihm auch den Bratentopf.

Die Ransomes wohnten in einem ochsenblutfarbenen edwardianischen Wohnblock nicht weit von Regent's Park. Die Wohnung war praktisch gelegen zur City, obwohl Mrs. Ransome lieber eine Wohnung weiter draußen gehabt hätte und sich mit einem Korb in einem Garten sah, irgendwie. Doch sie hatte keine Begabung in dieser Richtung. Ein Usambaraveilchen, das ihr ihre Putzfrau zu Weihnachten geschenkt hatte, hatte gerade heute morgen seinen Geist aufgegeben, und sie war gezwungen gewesen, es vor Mrs. Clegg im Schrank zu verstecken. Noch eine weitere vergebliche Mühe. Der Schrank war ebenfalls weg.

Sie kannten ihre Nachbarn kaum und sprachen selten mit ihnen. Von Zeit zu Zeit begegnete man sich zufällig im Aufzug, dann lächelten beide Seiten vorsichtig. Einmal hatten sie ein Paar, das auf ihrem Stockwerk neu eingezogen war, zum Sherry eingeladen, doch der Mann hatte sich als ›Big Band-Freak‹ erwiesen, wie Mr. Ransome das nannte, und sie war Empfangsdame bei einem Zahnarzt und hatte ein Timeshare in Portugal. So war es irgendwie ein peinlicher Abend geworden, und sie hatten diese Erfahrung nie wiederholt. Heutzutage schienen die Mieter immer schneller zu wechseln und der Aufzug immer launischer zu werden. Ständig zogen Leute ein und wieder aus, darunter auch Araber.

»Ich finde«, sagte Mrs. Ransome, »es geht zu wie in einem Hotel.«

»Ich wünschte, du würdest nicht immer ›ich finde‹ sagen«, sagte Mr. Ransome. »Es fügt dem Sinn nichts hinzu.«

Er hatte bei der Arbeit genug zu ertragen von dem, was er »diese schlampige Art zu reden« nannte, und fand, daß das Geringste, was er zu Hause erwarten durfte, korrektes Englisch war. Aus diesem Grund neigte Mrs. Ransome, die schon normalerweise sehr wenig sagte, dazu, sogar noch weniger zu sagen.

Als die Ransomes in Naseby Mansions eingezogen waren, hatte sich das Haus mit einem Majordomus in einer pflaumenfarbenen Uniform, passend zur Farbe des Hauses, gebrüstet. Er war eines Nachmittags im Jahre 1982 verstorben, während er für Mrs. Brasbourne aus dem zweiten Stock ein Taxi herbeigewinkt hatte. Sie hatte daraufhin verzichtet, damit er ins Krankenhaus gefahren werden konnte. Keiner seiner Nachfolger hatte je denselben Diensteifer oder Stolz auf seine Uniform an den Tag gelegt, und mit der Zeit war die Funktion des Majordomus mit der des Hausmeisters verschmolzen, der nie an der Tür anzutreffen war und auch selten anderswo, da er sich in einem heißen Kellerraum hinter dem Heizkessel zu verschanzen pflegte. Dort verschlief er den größten Teil des Tages in einem Lehnsessel, den einer der Mieter hinausgeworfen hatte.

In der fraglichen Nacht schlief der Hausmeister, wenn auch, was für ihn ungewöhnlich war, nicht in seinem Lehnsessel, sondern im Theater. Auf der Suche nach einem Mädchentyp mit mehr Klasse hatte er sich entschlossen, einen Kurs der Erwachsenenbildung zu besuchen und sich für die Englischklasse entschieden; wenn möglich, so hatte er dem Dozenten mitgeteilt, wollte er ein richtiger Bücherwurm werden. Der Dozent hatte einige aufregende, wenn auch nicht besonders klar formulierte Ideen über Kunst und den Arbeitsplatz. Als er erfuhr, daß er es mit einem Hausmeister zu tun hatte, besorgte er ihm Karten für das Stück selben Namens, denn er glaubte, die sich daraus ergebenden Einsichten würden sich stimulierend auf die Interaktion in der Gruppe auswirken. Der Hausmeister fand den Abend nicht befriedigender als die Ransomes *Così*, und die Einsichten, die er gewann, blieben begrenzt: »Was die Hausmeisterarbeit betrifft«, berichtete er der Klasse, »war es Quatsch.« Der Dozent tröstete sich mit der Hoffnung, daß sich an dem Abend ohne Wissen des Hausmeisters Türen geöffnet haben mochten. Darin hatte er recht: Die fraglichen Türen gehörten zur Wohnung der Ransomes.

Die Polizei kam irgendwann vorbei; doch dazu war mehr erforderlich, als nur nach dem Telefon zu greifen. Das hatten sowieso schon die Diebe übernommen, sie hatten sogar nach sämtlichen drei Telefonen gegriffen. Sie hatten den Draht bündig mit der Fußbodenleiste abgeschnitten, so daß sich Mr. Ransome, nachdem aus der gegenüberliegenden Wohnung keine Antwort kam (›Wahrscheinlich auf Timeshare in Portugal‹, bemerkte Mr. Ransome, ›oder bei einem Big Band-Konzert.‹), gezwungen sah, sich auf die Suche nach einer Telefonzelle zu begeben. »Kein Spaß«, wie er zu Mrs. Ransome sagte, seit Telefonzellen heutzutage überdies als öffentliche Bedürfnisanstalten fungierten. Die beiden ersten, bei denen es Mr. Ransome versuchte, waren sogar ausschließlich Urinale, das Telefon war schon vor langer Zeit herausgerissen worden. Ein Handy wäre natürlich die Antwort gewesen, doch Mr. Ransome hatte sich dieser Neuerung widersetzt (›Verrät einen Mangel an Organisation‹), so wie er sich den meisten Neuerungen widersetzte, mit Ausnahme derer auf dem Gebiet der stereophonen Wiedergabe.

Er wanderte weiter durch verlassene Straßen und fragte sich, wie andere Leute zurechtkamen. Die Pubs waren geschlossen, ein Waschsalon mit einem Münztelefon im Fenster als einziges geöffnet. Dies empfand Mr. Ransome als Glückstreffer; da er noch nie Grund gehabt hatte, eine solche Einrichtung zu benutzen, war ihm nicht in den Sinn gekommen, daß ein Ort, an dem man Wäsche wusch, über so etwas verfügen könnte; doch als Neuling in einem Waschsalon war er sich auch nicht sicher, ob es jemandem, der nicht tatsächlich hier seine Wäsche wusch, erlaubt war, diesen Vorteil wahrzunehmen. Das Telefon wurde gegenwärtig jedoch von der einzigen Person benutzt, die an diesem Ort anwesend war, einer alten Dame in zwei Mänteln, die ihre Kleidung offensichtlich seit einiger Zeit nicht mehr gewaschen hatte; deshalb faßte Mr. Ransome Mut.

Sie stand da, den Hörer an ihr schmutziges Ohr gepreßt, ohne etwas zu sagen, doch auch ohne wirklich zuzuhören.

»Könnten Sie sich bitte beeilen«, sagte Mr. Ransome, »dies ist ein Notfall.«

»Dies auch, mein Lieber«, entgegnete die Frau, »ich rufe in Padstow an, aber niemand antwortet.«

»Ich möchte die Polizei anrufen«, sagte Mr. Ransome.

»Überfallen worden, was?« sagte die Frau. »Ich bin letzte Woche überfallen worden. Das ist ganz normal heutzutage. Er war noch ein Baby. Es klingelt, aber sie haben einen langen Korridor. Um diese Zeit trinken sie gewöhnlich etwas Heißes. Die Nonnen«, fügte sie zur Erklärung hinzu.

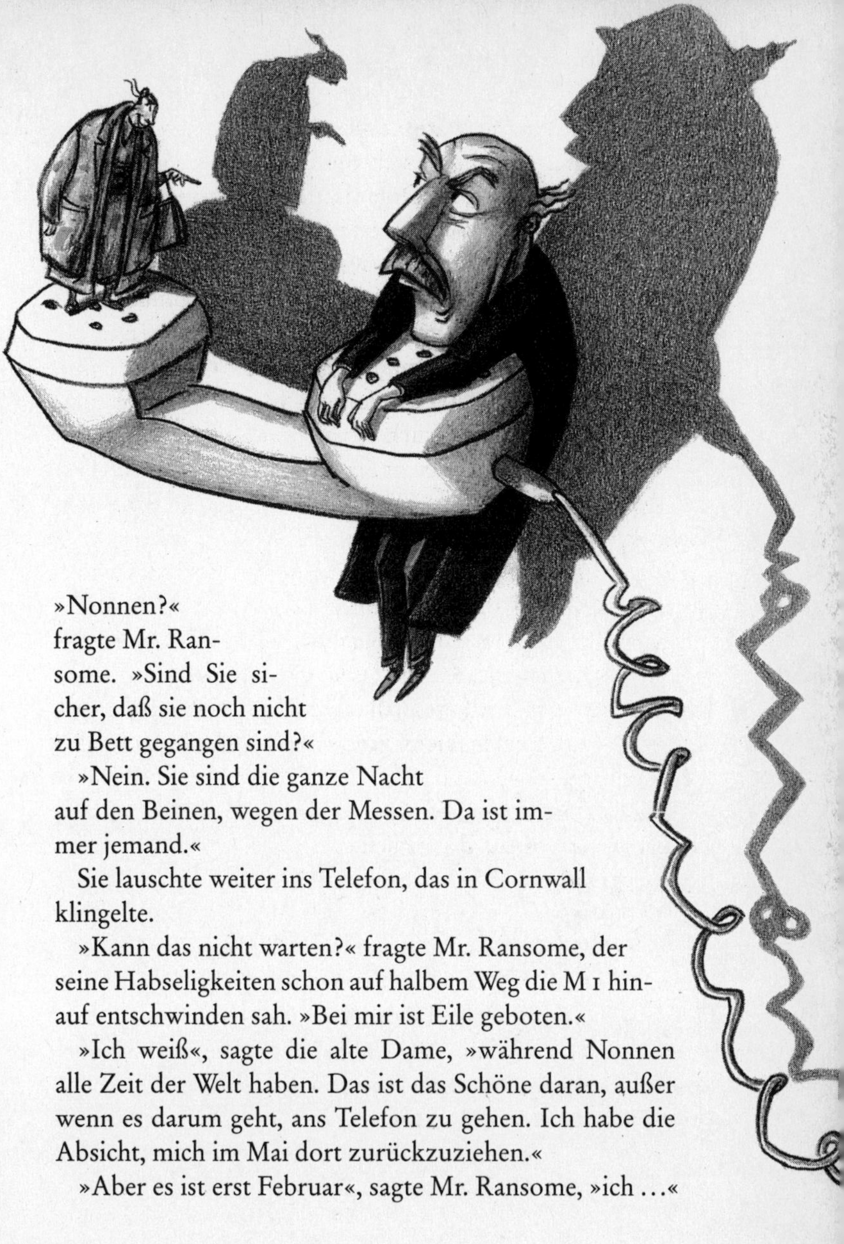

»Nonnen?« fragte Mr. Ransome. »Sind Sie sicher, daß sie noch nicht zu Bett gegangen sind?«

»Nein. Sie sind die ganze Nacht auf den Beinen, wegen der Messen. Da ist immer jemand.«

Sie lauschte weiter ins Telefon, das in Cornwall klingelte.

»Kann das nicht warten?« fragte Mr. Ransome, der seine Habseligkeiten schon auf halbem Weg die M 1 hinauf entschwinden sah. »Bei mir ist Eile geboten.«

»Ich weiß«, sagte die alte Dame, »während Nonnen alle Zeit der Welt haben. Das ist das Schöne daran, außer wenn es darum geht, ans Telefon zu gehen. Ich habe die Absicht, mich im Mai dort zurückzuziehen.«

»Aber es ist erst Februar«, sagte Mr. Ransome, »ich ...«

»Sie sind oft ausgebucht«, erklärte die alte Dame. »Keine Gespräche und drei Mahlzeiten am Tag, wundert Sie das? Sie benutzen es als Ferienheim für religiöse Menschen beiderlei Geschlechts. Man sollte nicht denken, daß Nonnen Ferien brauchen. Beten verausgabt einen doch nicht. Nicht wie die Arbeit als Busschaffner. Es klingelt immer noch. Vielleicht haben sie ihr heißes Getränk ausgetrunken und sich in die Kapelle begeben. Ich nehme an, ich könnte später anrufen, nur …« Sie blickte auf die Münzen in Mr. Ransomes Hand. »Ich habe mein Geld jetzt schon eingeworfen.«

Mr. Ransome gab ihr ein Pfund, und sie nahm auch noch die anderen 50 Pence und sagte: »Für 999 brauchen Sie kein Geld.«

Sie legte den Hörer auf, und ihr Geld kam von selbst wieder heraus, doch Mr. Ransome war so sehr darauf bedacht, endlich seinen Anruf zu erledigen, daß es ihm kaum auffiel. Erst später, als er auf dem Fußboden saß, wo einst ihr Schlafzimmer gewesen war, sagte er laut: »Erinnerst du dich an Knopf A und Knopf B? Sie sind verschwunden, weißt du. Das ist mir nie aufgefallen.«

»Alles ist verschwunden«, sagte Mrs. Ransome, die seinem Gedankengang nicht folgen konnte, »der Lufterfrischer, die Seifenschale. Sie können nicht normal sein; sie haben sogar die Klobürste mitgenommen.«

»Feuer, Polizei oder Krankenwagen?« sagte eine Frauenstimme.

»Polizei«, sagte Mr. Ransome. Eine Pause entstand.

»Ich hätte lieber die Banane«, sagte eine Männerstimme. »Ja? Polizei.« Mr. Ransome fing an zu erklären, doch der Mann schnitt ihm das Wort ab. »Jemand in Gefahr?« Er kaute.

»Nein«, sagte Mr. Ransome, »aber …«

»Sind Menschen bedroht?«

»Nein«, sagte Mr. Ransome, »nur ...«

»Leichter Stau im Moment, Chef«, sagte die Stimme. »Bitte gedulden Sie sich, ich muß Sie warten lassen.«

Mr. Ransome lauschte einem Straußwalzer.

»Sie trinken wahrscheinlich gerade etwas Heißes«, sagte die alte Dame, die er immer noch neben seinem Ellbogen riechen konnte.

»Tut mir leid«, sagte die Stimme fünf Minuten später. »Wir schalten unsere Gespräche zur Zeit von Hand. Der Computer hat den Schluckauf. Was kann ich für Sie tun?«

Mr. Ransome erklärte, daß eingebrochen worden sei, und nannte die Adresse.

»Sind Sie am Telefon?«

»Selbstverständlich«, sagte Mr. Ransome, »nur ...«

»Und wie ist die Nummer?«

»Sie haben das Telefon mitgenommen.«

»Das ist nichts Neues«, sagte die Stimme. »So ein schnurloses Ding?«

»Nein«, sagte Mr. Ransome. »Eines war im Wohnzimmer, eines neben dem Bett ...«

»Wir wollen uns nicht in Details verlieren«, sagte die Stimme. »Außerdem bedeutet der Diebstahl eines Telefons nicht das Ende der Welt. Wie war noch mal die Nummer?«

Es war nach ein Uhr, als Mr. Ransome zurückkam, und Mrs. Ransome, die bereits anfing, die losen Enden zusammenzufügen, war in ihrem früheren Schlafzimmer und saß mit dem Rücken an die Wand gelehnt an der Stelle, wo sie sonst im Bett gelegen hätte, wenn denn eines dort gestanden hätte. Sie hatte viel geweint, während Mr. Ransome weg gewesen war, doch jetzt hatte sie sich die Augen getrocknet und beschlossen, das Beste daraus zu machen.

»Ich dachte schon, du wärst tot«, sagte sie.

»Warum tot?«

»Nun, weil es nie einfach regnet, sondern immer gleich schüttet.«

»Ich war in einem von diesen Waschsalons, wenn du es genau wissen willst. Es war schrecklich. Was ißt du da?«

»Ein Hustenbonbon. Ich habe es in meiner Handtasche gefunden.« Es war eines von den Bonbons, die sie auf Drängen Mr. Ransomes immer dabeihatte, wenn sie in die Oper gingen, seit sie einmal den ganzen *Fidelio* hindurch geschnieft hatte.

»Hast du noch eins?«

»Nein«, sagte Mrs. Ransome lutschend. »Das ist das letzte.«

Mr. Ransome ging auf die Toilette, stellte allerdings zu spät fest, daß die Einbrecher so umsichtig gewesen waren, sowohl die Toilettenpapierrolle als auch den Halter mitzunehmen.

»Es ist kein Papier da«, rief Mrs. Ransome.

Das einzige Papier in der Wohnung war das Programmheft von *Così*, und als sie es durch die Tür reichte, sah Mrs. Ransome nicht ohne Befriedigung, daß Mr. Ransome sich mit einem Bild von Mozart den Hintern würde abwischen müssen.

Gleichermaßen steif und unhandlich, war die Hochglanzbroschüre (gesponsert von der Barclay's Bank AG) unangenehm zu benutzen und dann unsinkbar, und trotz dreier Spülungen plierte Sir George Soltis glühender Blick immer wieder grollend um die Biegung der Toilettenschüssel.

»Besser?« fragte Mrs. Ransome.

»Nein«, sagte ihr Mann und ließ sich neben ihr an der Wand nieder. Mrs. Ransome fand jedoch, daß die Fußbodenleiste ihr in den Rücken schnitt, sie veränderte ihre Lage und legte sich im rechten Winkel zu ihrem Mann, so daß ihr Kopf nun auf seinem Oberschenkel ruhte, eine Lage, in der sie sich seit vielen Jahren nicht mehr befunden hatte. Obwohl Mr. Ransome sich sagte, daß es sich um einen Notfall handelte, empfand er diese Konjunktion nicht nur als unbequem, sondern auch als peinlich. Seiner Frau jedoch schien sie zu gefallen, denn sie schlief umgehend ein und überließ es Mr. Ransome, düster auf die gegenüberliegende Wand und das mittlerweile vorhanglose Fenster zu starren, von dem die Einbrecher, wie er verwundert bemerkte, sogar die Vorhangringe gestohlen hatten.

Es war schließlich vier Uhr, als die Polizei ankam, ein großer Mann mittleren Alters in einem Regenmantel, der sagte, er sei Kriminalinspektor, und ein empfindsam aussehender junger Polizist in Uniform, der überhaupt nichts sagte.

»Sie haben sich Zeit gelassen«, sagte Mr. Ransome.

»Ja«, sagte der Inspektor. »Wir wären schon früher gekommen, aber es gab ... hm, ein kleines Problem, wie man so sagt. Wir haben an der falschen Tür geklingelt. War der Fehler von meinem Kumpel hier. Er hat den Namen Hanson gesehen und ...«

»Nein«, sagte Mr. Ransome. »Ransome.«

»Ja. Das haben wir schließlich auch herausgefunden ... nach einiger Zeit. Sind Sie gerade erst eingezogen?« fragte der Inspektor, während er die nackten Dielen betrachtete.

»Nein«, sagte Mr. Ransome. »Wir wohnen seit dreißig Jahren hier.«

»Voll möbliert?«

»Natürlich«, sagte Mr. Ransome. »Es war ein ganz normales Zuhause.«

»Ein Sofa, Sessel, eine Uhr«, sagte Mrs. Ransome. »Wir hatten alles.«

»Fernseher?« fragte der Wachtmeister schüchtern.

»Ja«, sagte Mrs. Ransome.

»Aber wir haben nicht oft geschaut«, sagte Mr. Ransome.

»Videogerät?«

»Nein«, sagte Mr. Ransome. »Das Leben ist kompliziert genug.«

»CD-Spieler?«

»Ja«, antworteten Mrs. Ransome und Mr. Ransome einstimmig.

»Und meine Frau hatte einen Pelzmantel«, sagte Mr. Ransome. »Meine Versicherung hat eine Liste der wertvollen Gegenstände.«

»In diesem Fall«, sagte der Inspektor, »haben Sie Glück. Ich gehe ein bißchen herum, wenn es Ihnen nichts ausmacht, während Wachtmeister Partridge die Einzelheiten aufnimmt. Haben die Leute von gegenüber den Eindringling bemerkt?«

»Die sind in Portugal«, sagte Mr. Ransome.

»Und der Hausmeister?«

»Ist wahrscheinlich auch in Portugal«, sagte Mr. Ransome, »wenn man bedenkt, wie selten wir ihn zu Gesicht bekommen.«

»Sie heißen Ransome wie das königliche Lösegeld?« fragte der Wachtmeister. »Oder Ransome wie Arthur Ransome?«

»Partridge ist einer von unseren diplomierten Neuzugängen«, sagte der Inspektor, während er die Wohnungstür untersuchte.

»Das Schloß wurde nicht aufgebrochen, soviel ich sehe. Er ist über eine Leiter geklettert. Hier gibt es nicht zufällig eine Tasse Tee, oder?«

»Nein«, sagte Mr. Ransome kurz, »denn es gibt keine Teekanne. Von einem Teebeutel, den man hineinhängen könnte, ganz zu schweigen.«

»Ich gehe davon aus, daß Sie eine Beratung möchten«, sagte der Inspektor.

»Was?«

»Es kann jemand vorbeikommen und Ihre Hand halten«, sagte der Inspektor und blickte aus dem Fenster. »Partridge findet, es sei wichtig.«

»Wir sind alle Menschen«, sagte der Wachtmeister.

»Ich bin Anwalt«, sagte Mr. Ransome.

»Nun«, sagte der Inspektor, »vielleicht kann Ihre Frau einen Versuch damit machen. Wir sehen Partridge gerne glücklich.«

Mrs. Ransome lächelte hilfsbereit.

»Ich nehme das als ja«, sagte der Wachtmeister.

»Die haben nichts zurückgelassen, oder?« fragte der Inspektor, er schnupperte und strich mit der Hand oben über die Bilderleiste.

»Nein«, sagte Mr. Ransome gereizt. »Kein Stück. Wie Sie sehen.«

»Ich meinte nicht etwas von Ihnen«, sagte der Inspektor, »ich meinte etwas von denen.« Er schnupperte wieder forschend. »Eine Visitenkarte.«

»Eine Visitenkarte?« sagte Mrs. Ransome.

»Exkremente«, sagte der Inspektor. »Einbruch ist ein nervöses Geschäft. Einbrecher verspüren oft das Bedürfnis, ihren Darm zu entleeren, wenn sie ihr Geschäft verrichten.«

»So kann man es auch sagen, Inspektor«, sagte der Wachtmeister.

»Was auch sagen, Partridge?«

»Sein Geschäft verrichten ist ein anderer Ausdruck für seinen Darm entleeren. In Frankreich«, sagte der Wachtmeister, »nennt man es einen Wachtposten aufstellen.«

»Das hat man Ihnen in Leatherhead beigebracht, oder?«

sagte der Inspektor. »Partridge hat die Polizeihochschule absolviert.«

»Das ist wie eine Universität«, erklärte der Wachtmeister, »sie haben nur keine Schals.«

»Wie dem auch sei«, sagte der Inspektor, »wir suchen mal ein bißchen herum. Nach Exkrementen, meine ich. Sie können in dieser Hinsicht sehr kreativ sein. Ich erinnere mich an einen Einbruch in Pangbourne, da hatten sie sich dafür eine Lampe aus dem 18. Jahrhundert auf halber Wandhöhe ausgesucht. Noch eine Sphäre höher, und sie hätten den Duke-of-Edinburgh-Award bekommen.«

»Vielleicht haben Sie es noch nicht bemerkt«, sagte Mr. Ransome grimmig, »aber wir haben keine Lampen.«

»In Guildford hat einer mal eine Duftschale dafür benutzt.«

»Das war dann wohl Ironie«, sagte der Wachtmeister.

»Ach, wirklich?« sagte der Inspektor. »Und ich dachte, es sei einfach ein stinkender, langfingriger, an Inkontinenz leidender Junkie gewesen. Nichtsdestotrotz, da wir gerade von Körperfunktionen sprechen, bevor wir gehen, gehe ich selbst noch mal schnell.«

Mr. Ransome begriff zu spät, daß er ihn hätte warnen sollen, und flüchtete sich in die Küche.

Der Inspektor kam kopfschüttelnd zurück.

»Nun, unsere Freunde hatten wenigstens soviel Anstand, die Toilette zu benutzen, aber sie haben sie in einem ekelhaften Zustand hinterlassen. Ich hätte nie gedacht, einmal über Dame Kiri Te Kanawa pinkeln zu müssen. Ihre Aufnahme von der *West Side Story* gehört zu den Perlen meiner Plattensammlung.«

»Gerechtigkeitshalber«, sagte Mrs. Ransome, »muß gesagt werden, daß das mein Mann war.«

»Mein Gott«, sagte der Inspektor.

»Was ist?« fragte Mr. Ransome, der wieder ins Zimmer kam.

»Nichts«, sagte seine Frau.

»Glauben Sie, daß Sie sie erwischen werden?« wollte Mr. Ransome wissen, als er die beiden Polizisten zur Tür begleitete.

Der Inspektor lachte.

»Nun, Wunder geschehen, sogar in der Welt der Polizei. Es hat doch niemand etwas gegen Sie?«

»Ich bin Anwalt«, sagte Mr. Ransome. »Es wäre möglich.«

»Hat sich möglicherweise jemand einen Scherz erlaubt?«

»Einen Scherz?« sagte Mr. Ransome.

»War nur so ein Gedanke«, sagte der Inspektor. »Doch wenn es sich um einen echten Einbrecher handelt, dann sage ich Ihnen eines: Er kommt immer zurück.«

Der Wachtmeister nickte weise zur Bestätigung, damit stimmte man sogar in Leatherhead überein. »Kommt zurück?« sagte Mr. Ransome bitter und sah sich in der leeren Wohnung um.

»Kommt zurück? Wozu, verdammt noch mal?«

Mr. Ransome fluchte selten, und Mrs. Ransome, die im Zimmer geblieben war, tat so, als hätte sie nichts gehört. Die Tür fiel ins Schloß.

»Nutzlos«, sagte Mr. Ransome, als er zurückkam. »Vollkommen nutzlos. Man möchte am liebsten fluchen.«

»Nun«, sagte Mrs. Ransome ein paar Stunden später, »wir werden eben improvisieren müssen. Vielleicht«, fügte sie nicht unglücklich hinzu, »macht es sogar Spaß.«

»Spaß?« sagte Mr. Ransome. »Spaß?«

Er war unrasiert, ungewaschen, sein Hintern tat weh, und sein Frühstück hatte aus einem Schluck Leitungswasser bestanden. Dennoch hatte ihn alles Flehen seitens Mrs. Ransomes nicht davon abhalten können, heroisch zur Arbeit zu gehen; und seine Frau wußte selbst unter diesen noch nie dagewesenen Umständen instinktiv, daß es ihre Rolle war, großes Aufhebens um seine selbstlose Hingabe zu machen.

Doch als er weg war und die Wohnung so leer, vermißte Mrs. Ransome ihn ein bißchen, als sie von einem hallenden Zimmer ins andere wanderte, unsicher, wo sie zuerst anfangen sollte. Sie beschloß, eine Liste anzufertigen, hatte in diesem Augenblick aber vergessen, daß sie nichts hatte, womit sie eine Liste schreiben konnte, und nichts, auf das sie sie schreiben konnte. Das bedeutete einen Besuch im Zeitungsladen zum Kauf eines Blocks und eines Bleistifts. Als sie dort war, stellte sie fest, daß nebenan ein Café war; das war ihr vorher nie aufgefallen. Anscheinend servierte man dort ein warmes Frühstück, und auch wenn sie sich in ihrer Operngarderobe zwischen den Taxifahrern und Fahrradkurieren, die den größten Teil der Kundschaft ausmachten, ein wenig fehl am Platze fühlte, nahm niemand besonders Notiz von ihr. Die Kellnerin nannte sie sogar ›Schatz‹ und offerierte ihr ein Exemplar des *Mirror*, während sie auf Schinken, Eier, Baked Beans und Toast wartete. Der *Mirror* war nicht ihre gewohnte Zeitungslektüre, doch Schinken, Eier, Baked Beans und Toast waren auch nicht ihr gewohntes Frühstück. Schließlich gewann sie solches Interesse an den Geschichten über die königliche Familie und deren Ausrutscher, daß sie die Zeitung gegen eine Saucenflasche lehnte, so daß sie gleichzeitig essen und lesen konnte und vollkommen vergaß, daß sie eigentlich in dieses Café gekommen war, um sich eine Liste zu machen.

Durch das Fehlen einer Liste waren ihre Einkäufe ziemlich planlos. Zuerst ging sie zu Boots und kaufte einige Rollen Toilettenpapier und einige Papierteller und -becher, vergaß aber die Seife. Und als ihr die Seife wieder einfiel und sie zurückging, vergaß sie die Teebeutel, und als sie sich an die Teebeutel erinnerte, vergaß sie das Küchenpapier, bis sie allmählich davon erschöpft war, sich immer wieder bis halbwegs zu ihrer Wohnung zu schleppen und dann wieder umkehren zu müssen.

Es war auf dem dritten dieser zunehmend enervierenden Wege (diesmal hatte sie das Plastikbesteck vergessen), daß Mrs. Ransome sich zu Mr. Anwar hineinwagte. Sie ging häufig an seinem Laden vorbei, da er auf halbem Weg lag zwischen ihrer Wohnung und der St. John's Wood High Street; sie erinnerte sich sogar an seine Eröffnung und an das kleine Textil- und Babystrickwarengeschäft, das er ersetzt hatte und dessen treue Kundin sie gewesen war. Es war von einer Miss Dorsey geführt worden, der sie im Lauf der Jahre gelegentlich ein Deckchen oder eine Rolle Garn abgekauft hatte, und, wesentlich regelmäßiger, schlichte braune Papierpackungen mit etwas, was man ›Binden‹ nannte. Die Schließung dieses Geschäfts in den späten Sechzigern hatte Mrs. Ransome ängstlich und schutzlos zurückgelassen. So war es eine echte Überraschung, als sie sich in die Drogeriekette Timothy White's hineinwagte und feststellte, daß die Technologie in diesem intimen Bereich in letzter Zeit große Fortschritte gemacht hatte, von denen Miss Dorseys altmodische Bestände, deren beinahe letzte Käuferin einer schrumpfenden Kundschaft Mrs. Ransome gewesen war, nichts ahnen ließen. Sie war altmodisch, das wußte sie, doch auch Snobismus hatte dabei eine Rolle gespielt, denn Mrs. Ransome fand es irgendwie stilvoller, das ihr Erforderliche mit einem geduldig leidenden Lächeln seitens Miss Dorseys (›Unser Kreuz‹, sagte es) wortlos über die Theke gereicht zu bekommen, als es von irgendwelchen wahllos zusammengewürfelten Regalbeständen bei Timothy White's zu nehmen. Doch es dauerte nicht lange, und Timothy White's ging den gleichen Weg wie Miss Dorsey und wurde von Boots verschluckt. Doch auch Boots war ihrem Gefühl nach eine Stufe besser als die nächste Drogerie, Superdrug, die ganz und gar nicht stilvoll aussah.

Nach der Schließung von Miss Dorseys Laden (sie wurde eines Nachmittags über der Theke liegend gefunden – sie hatte einen Schlaganfall gehabt) stand das Geschäft kurze Zeit leer, bis Mrs. Ransome eines Morgens auf dem Weg zur High Street sah, daß der Laden von einem asiatischen Lebensmittelgeschäft übernommen worden war und daß der Gehweg vor dem Fenster, wo früher allenfalls gelegentlich einmal ein Kinderwagen gestanden hatte, nun mit Kisten voll unbekannten Gemüsen vollgestellt war … Yams, Papayas, Mangos und ähnliches, und dazu noch mit vielen Säcken, an denen, wie Mrs. Ransome fand, Hunde nur allzu leicht ein Bein heben konnten.

So geschah es teilweise aus Loyalität zu Miss Dorsey und teilweise, weil es nicht wirklich ihre Art von Geschäft war, daß Mrs. Ransome sich nicht in diesen Laden hineinwagte. Bis zu jenem Morgen, als sie, um sich den soundsovielten Weg zur High Street zu ersparen, befand, sie könnte doch fragen, ob sie so etwas wie Schuhcreme hatten (es gab dringendere Bedürfnisse, das hätte sie als erste zugegeben, doch Mr. Ransome war mit seinen Schuhen sehr eigen). Obwohl über zwanzig Jahre vergangen waren, war das Geschäft immer noch als das erkennbar, was es in Miss Dorseys Tagen gewesen war, denn außer der Einführung einer Kühltruhe und mehrerer Kühlschränke hatte Mr. Anwar die bestehende Einrichtung einfach seinen veränderten Erfordernissen angepaßt. Schubladen, die früher der vornehmen Ausstaffierung eines Lebens in Müßiggang gewidmet gewesen waren – Strickmuster, Häkelnadeln, Kräuselbänder –, beherbergten nun Nan und Pitta-Brot; Gewürze ersetzten Häubchen und gestrickte Babyschuhe, und die Regale und tiefen Schubladen, die einst Strumpf- und Miederwaren in sich geborgen hatten, waren nun mit Reis und Kichererbsen gefüllt.

Mrs. Ransome dachte, es sei unwahrscheinlich, daß sie Schuhcreme auf Lager hatten (trugen sie überhaupt normale Schuhe?), doch sie war erschöpft genug, einen Versuch zu wagen. Sie wollte die Farbe Ochsenblutrot (beziehungsweise Mr. Ransome benötigte sie), obwohl ihr in den Sinn kam, daß man gegen diesen Farbton hier möglicherweise religiöse Vorbehalte hegen könnte. Doch der rundliche und fröhliche Mr. Anwar förderte zu ihrer gefälligen Auswahl mehrere Dosen zutage, und als sie bezahlte, entdeckte sie noch eine Nagelbürste, die sie auch benötigen würden; dann sahen die Tomaten gut aus, und es gab eine Zitrone, und wo sie schon einmal dabei war, schien der Laden auch Haushaltswaren zu verkaufen, deshalb investierte sie in ein Sieb. Während sie durch das Geschäft wanderte, ertappte sich die normalerweise schüchterne Mrs. Ransome dabei, wie sie diesem rundlichen und freundlichen Lebensmittelhändler die Umstände erklärte, die dazu geführt hatten, daß sie eine solch merkwürdige Ansammlung von Dingen kaufte. Und er lächelte und schüttelte voller Mitgefühl den Kopf, während er ihr gleichzeitig andere Artikel vorschlug, die sie ohne Zweifel als Ersatz brauchen und mit denen er sie mit Vergnügen versorgen würde. »Die haben Sie um Haus und Heim gebracht, diese Lumpen. Sie wissen sicher nicht mehr, wo Ihnen der Kopf steht. Sie werden Spülmittel brauchen und einen von diesen Klötzen, die die Toilette angenehmer duften zu lassen.«

Es endete damit, daß sie ungefähr ein Dutzend Artikel kaufte, mehr, als sie tragen konnte, doch auch das war kein Problem, denn Mr. Anwar holte aus der darüberliegenden Wohnung seinen kleinen Jungen (»Ich hoffe, ich zerre ihn nicht vom Koran weg«, dachte sie), und der Junge folgte Mrs. Ransome mit seiner kleinen weißen Mütze bis nach Hause und trug die Schachtel mit ihren Einkäufen.

»Wahrscheinlich zweite Wahl«, sagte Mr. Ransome später. »So machen sie ihren Profit.«

Mrs. Ransome sah nicht ganz ein, wie es bei Schuhcreme zweite Wahl geben konnte, sagte aber nichts.

»Hoffentlich«, sagte sie, »werden sie liefern.«

»Du meinst«, sagte Mr. Ransome (und das war altes Terrain), »du

hoffst, daß sie ausliefern. ›Hoffentlich werden sie liefern‹ bedeutet, daß du dir nicht sicher bist, ob sie es auch wirklich bringen« (obwohl auch das vermutlich zutraf).

»Wie dem auch sei«, sagte Mrs. Ransome trotzig, »er hat bis zehn Uhr abends geöffnet.«

»Er kann sich das leisten«, sagte Mr. Ransome. »Er bezahlt wahrscheinlich keine Löhne. Ich würde mich an Marks und Spencer halten.«

Was sie, im allgemeinen, auch tat. Auch wenn sie einmal kurz hineinging und sich zum Mittagessen eine Mango kaufte und ein anderes Mal eine Papaya; eigentlich kleine Abenteuer, doch Aufbrüche nichtsdestoweniger, schüchterne Entdeckungsreisen, die für sich zu behalten sie ihren Mann gut genug kannte.

Die Ransomes hatten wenige Freunde; sie luden selten jemanden ein, denn Mr. Ransome sagte, er sehe bei der Arbeit mehr als genug Menschen. Bei den seltenen Gelegenheiten, wenn Mrs. Ransome zufällig jemanden traf, den sie kannte, und anfing, ihre schreckliche Erfahrung zu schildern, war sie überrascht, daß scheinbar jeder seine eigene Einbruchsgeschichte zu erzählen hatte. Sie fand, daß keine so umfassend oder schockierend war, um mit der ihren mitzuhalten, die diese anderen, weniger glanzvollen Einbrüche bei aller Fairneß eindeutig in den Schatten stellte. Doch um einen Vergleich schien es nicht zu gehen: Die Freunde ließen ihre Geschichte nur als unvermeidlichen Auftakt über sich ergehen, um endlich ihre eigene zu erzählen. Sie fragte Mr. Ransome, ob ihm dies aufgefallen sei.

»Ja«, sagte er kurz angebunden. »Man könnte meinen, so etwas passierte jeden Tag.«

Was es natürlich tat, dessen war er sich sicher, wenn auch nicht so endgültig, so ganz und gar, so allumfassend wie in ihrem Fall.

»Alles«, sagte Mr. Ransome zu Gail, seiner langjährigen Sekretärin, »jedes einzelne Ding.«

Gail war eine große, melancholisch dreinblickende Frau, was Mr. Ransome normalerweise recht war, da er wenig von dem hielt, was er ›Albernheit‹ nannte – Weiblichkeit mit anderen Worten. Wäre Gail ein wenig alberner gewesen, hätte sie vielleicht mehr Mitgefühl gezeigt, doch wie alle anderen nahm auch sie es zum Anlaß, eine eigene Einbruchsgeschichte anzubringen, und bemerkte, sie sei überrascht, daß es den Ransomes nicht schon früher passiert sei. Bei den meisten Leuten, die sie kenne, sei schon mindestens einmal eingebrochen worden, und bei ihrem Schwager, einem Fußpfleger in Ilford, sogar schon zweimal; einmal war jemand mit dem Auto durch die Wand gebrochen, während sie ferngesehen hatten.

»Worauf Sie achten müssen, ist das Trauma; die Leute nehmen es ganz unterschiedlich auf. Haarausfall ist offensichtlich häufig Folge eines Einbruchs, und meine Schwester bekam schreckliche Ekzeme. Denken Sie daran«, fuhr Gail fort, »es sind immer Männer.«

»Immer Männer?« fragte Mr. Ransome.

»Die Einbrecher.«

»Nun, Frauen begehen Ladendiebstahl«, führte Mr. Ransome zur Verteidigung an.

»Nicht in diesem Ausmaß«, sagte Gail. »Sie räumen nicht den ganzen Laden aus.«

Mr. Ransome, der sich nicht sicher war, wie es dazu gekommen war, daß er in dieser Diskussion auf der falschen Seite stand, war verärgert und unzufrieden; deshalb versuchte er es mit Mr. Pardoe von der Kanzlei nebenan, doch ohne mehr Erfolg. »Vollkommen ausgeräumt? Nun, seien Sie froh, daß Sie nicht zu Hause waren. Mein Zahnarzt und seine Frau waren sieben Stunden lang gefesselt und konnten sich glücklich schätzen, daß sie nicht vergewaltigt wurden. Kopfschützer, Walkie-talkies. Es ist eine Industrie heutzutage. Ich würde sie alle kastrieren.«

An jenem Abend holte Mr. Ransome ein Wörterbuch aus seiner Aktentasche, sowohl Aktentasche als auch Wörterbuch waren Neuerwerbungen. Das Wörterbuch war Mr. Ransomes Lieblingsbuch.

»Was tust du?« fragte Mrs. Ransome.

»Ich schlage ›Sack und Pack‹ nach. Ich nehme an, es bedeutet das gleiche wie ›Stumpf und Stiel‹.«

Ungefähr im Laufe der folgenden Woche sammelte Mrs. Ransome eine Grundausstattung an – zwei Feldbetten plus Bettzeug und Handtücher, einen Kartentisch und zwei Klappstühle. Sie kaufte zwei Sitzsäcke, wie sie sie nannte, auch wenn sie im Geschäft anders hießen; offenbar waren sie ziemlich beliebt, denn sogar Leute, bei denen nicht eingebrochen worden war, benutzten sie und saßen freiwillig auf dem Boden. Es gab sogar (Mr. Ransomes Beitrag) einen tragbaren CD-Spieler und eine Aufnahme der *Zauberflöte*.

Mrs. Ransome hatte immer mit Vergnügen eingekauft, deshalb war diese obligate Neuausrüstung mit dem Lebensnotwendigen für sie nicht ohne Reiz, auch wenn die Not so drängend war, daß ein Auswählen kaum in Betracht kam. Bis dahin hatte alles Elektrische immer von Mr. Ransome oder unter seiner Aufsicht erstanden werden müssen, ein Dekret, das sogar bei einem Gerät wie dem Staubsauger Anwendung fand, den er niemals betätigte, oder dem Geschirrspüler, den er niemals füllte. Unter den besonderen Umständen, die durch den Einbruch entstanden waren, hatte Mrs. Ransome jedoch die Genehmigung einzukaufen, was immer ihr notwendig erschien, sei es nun elektrisch oder nicht; sie erwarb nicht nur einen elektrischen Wasserkocher, sie schritt außerdem zum Kauf einer Mikrowelle, eine Neuerung, der sich Mr. Ransome lange widersetzt hatte und deren Notwendigkeit er nicht einsah.

Daß viele von diesen Gegenständen (die Sitzsäcke zum Beispiel) vermutlich ausrangiert werden würden, sobald die Versicherung bezahlte und sie sich etwas Dauerhafteres zulegten, verringerte keineswegs Mrs. Ransomes stille Begeisterung bei ihrer Erwerbung. Außerdem würde sich letzteres wahrscheinlich etwas verzögern, da, mit all ihren anderen Dokumenten, auch die Versicherungspolice gestohlen worden war. Die Erstattung war unzweifelhaft, aber sie würde möglicherweise einige Zeit auf sich warten lassen. In der Zwischenzeit verlief ihr Leben in einer abgespeckten Version, was zumindest von Mrs. Ransome als gar nicht so unangenehm empfunden wurde.

»Von der Hand in den Mund«, sagte Mr. Ransome.

»Aus dem Koffer«, sagte Croucher, sein Versicherungsagent.

»Nein«, erwiderte Mr. Ransome. »Wir haben keinen Koffer.«

»Sie glauben nicht«, fragte Croucher, »daß sich irgend jemand möglicherweise einen Scherz erlaubt hat?«

»Das fragen die Leute immer wieder«, sagte Mr. Ransome. »Die Scherze müssen sich seit meiner Jugend verändert haben. Ich dachte immer, Scherze sollten lustig sein.«

»Was für eine Stereoanlage war es denn?« fragte Croucher.

»Oh, das Beste vom Besten«, sagte Mr. Ransome. »Das Neueste und Beste. Irgendwo habe ich die Quittungen ... o nein, natürlich nicht. Ich vergesse das immer wieder.«

Obwohl dies ein echter Versprecher gewesen war, war es vielleicht doch ein Glück, daß die Quittungen mitsamt der dazugehörigen Anlage gestohlen waren, denn Mr. Ransome schwindelte ein bißchen. Seine Stereoanlage war nicht ganz das Beste vom Besten, welche Anlage war das schon? Die Klangreproduktion ist nicht statisch; die Perfektion wird weiterentwickelt, und kaum eine Woche vergeht ohne technischen Fortschritt. Als begeisterter Leser von Hifi-Magazinen sah Mr. Ransome häufig Anzeigen von Verfeinerungen, die er zu gerne zu einem Teil seiner Hörerfahrung gemacht hätte. Der Einbruch, so verheerend er auch gewesen war, war seine Chance. Und so geschah es, daß dieser unbewegliche Mann, als ihm die potentiellen Vorteile seines Verlusts aufgingen, wenn auch widerwillig anfing, sein inneres Gleichgewicht zurückzuerlangen.

Auch Mrs. Ransome sah die guten Seiten, doch das tat sie eigentlich immer. Als sie sich verheiratet hatten, hatten sie sich mit allem Notwendigen ausgestattet, das zu einem gut funktionierenden Haushalt gehörte; sie hatten ein Speiseservice und ein Teeservice mit dazu passender Tischwäsche; sie hatten Dessertschalen und Trifle-Gläser und Kuchenplatten in rauhen Mengen. Es gab Deckchen für die Ankleidekommode, Untersetzer für den Kaffeetisch, Läufer für den Eßtisch; Gästehandtücher mit dazu passenden Waschlappen für das Waschbecken, Toilettenvorleger und die dazu passenden Badematten. Sie hatten Torten-, Fisch- und andere Heber, zierliche Silber- und Elfenbeinschäufelchen, deren genaue Funktion Mrs. Ransome nie hatte ergründen können. Darüber hinaus gab es einen massiven Besteckkasten mit vielen Einsatzböden, der mit genügend Messern, Gabeln und Löffeln für ein Abendessen für zwölf Personen bestückt war. Mr. und Mrs. Ransome gaben keine Abendessen für zwölf Personen. Sie gaben überhaupt keine Abendessen. Sie benutzten selten die Gästehandtücher, denn sie hatten nie Gäste. Mrs. Ransome dachte, daß sie diese Besitztümer zweiunddreißig Ehejahre lang völlig zwecklos mit sich herumgeschleppt hatten, und nun waren sie den ganzen Kram mit einem Schlag los. Als sie in der Spüle ihre beiden Tassen abwusch, fing Mrs. Ransome plötzlich an zu singen, ohne genau zu wissen, warum.

»Vermutlich ist es das beste«, sagte Croucher, »von der Annahme auszugehen, daß alles verschwunden ist und nicht wieder auftauchen wird. Vielleicht hatte jemand den Wunsch nach einem wohlausgestatteten Mittelschichthaushalt und hat einfach eine Abkürzung genommen.«

Er stand an der Tür.

»Ich werde Ihnen einen Scheck schicken, sobald ich kann. Dann können Sie anfangen, Ihr Leben wieder aufzubauen. Ihre Frau scheint es gut aufzunehmen.«

»Ja«, sagte Mr. Ransome, »aber sie verdrängt es.«

»Gab es auffälligen Schmuck oder so etwas in der Art?«

»Nein. Sie hat sich nie wirklich etwas aus solchen Dingen gemacht«, sagte Mr. Ransome. »Glücklicherweise hat sie ihre Perlen in der Oper getragen.«

»Heute abend trug sie eine Halskette«, sagte Croucher. »Ziemlich auffällig, fand ich.«

»Ja?« Mr. Ransome war es nicht aufgefallen.

Als sie am Kartentisch ihr Abendessen zu sich nahmen, fragte Mr. Ransome: »Habe ich diese Kette schon einmal gesehen?«

»Nein. Gefällt sie dir? Ich habe sie im Lebensmittelladen gekauft.«

»Im Lebensmittelladen?«

»In dem indischen Geschäft. Sie hat nur 75 Pence gekostet. Ich kann nicht dauernd meine Perlen tragen.«

»Sie sieht aus, als käme sie aus einer Wundertüte.«

»Ich finde, sie steht mir. Ich habe zwei gekauft. Die andere ist grün.«

»Was esse ich gerade?« fragte Mr. Ransome. »Kohlrüben?«

»Süßkartoffeln. Schmecken sie dir?«

»Wo hast du sie gekauft?«

»Bei Marks und Spencer.«

»Es schmeckt sehr gut.«

Zwei Wochen nach dem Einbruch (jedes Datum bezog sich seither darauf) saß Mrs. Ransome auf ihrem Sitzsack vor dem elektrischen Heizgerät, die Beine von sich gestreckt, betrachtete ihre inzwischen ziemlich abgestoßenen Pumps und fragte sich, was sie als nächstes tun sollte. Es war wie bei einem Todesfall, dachte sie: so viel am Anfang, und danach nichts.

Nichtsdestotrotz (und weiterführend zu ihren Gedanken beim Abwasch) hatte Mrs. Ransome angefangen einzusehen, daß eine so abrupte Trennung von all ihren weltlichen Gütern möglicherweise Vorteile mit sich brachte, die sie nur zögerlich spirituell genannt hätte, die man aber, anders ausgedrückt, als ›charakterbildend‹ zusammenfassen konnte. Den Boden beinahe sprichwörtlich unter den Füßen weggezogen zu bekommen sollte, fand sie, mahnende Gedanken auslösen über die Art und Weise, wie sie ihr Leben gelebt hatte. Früher hätte der Krieg sie natürlich gerettet, eine Wende des Geschehens, die ihr keine Wahl ließ, und wenn das, was ihr zugestoßen war, auch keine Katastrophe dieser Größenordnung war, wußte sie doch, daß es an ihr lag, daraus zu machen, was sie konnte. Sie würde in Museen gehen, überlegte sie, in Kunstgalerien, sich über die Geschichte Londons informieren; es gab heutzutage Kurse jeder Art – Kurse, die sie sehr wohl auch hätte besuchen können, bevor ihnen alles, was sie auf der Welt besaßen, genommen worden war. Allerdings war sie der Meinung, daß es gerade all das gewesen war, was sie auf der Welt besaßen, was sie davon abgehalten hatte. Jetzt konnte sie anfangen. Und so, auf den nackten Dielen ihres früheren Wohnzimmers, bequem in ihren Sitzsack zurückgelehnt, stellte Mrs. Ransome fest, daß sie keineswegs unglücklich war, denn sie sagte sich, daß es so realer war und daß (auch wenn man ein wenig Bequemlichkeit brauchte) sie eigentlich ein weniger weichgepolstertes Leben führen sollten.

In diesem Moment klingelte es an der Tür.

»Mein Name ist Briscoe«, sagte die Stimme durch die Sprechanlage. »Ihre Beraterin.«

»Wir wählen konservativ«, sagte Mrs. Ransome.

»Nein«, sagte die Stimme. »Von der Polizei. Wegen Ihres Traumas. Der Einbruch?«

In dem Wissen, daß die Beraterin von der Polizei kam, hatte Mrs. Ransome jemanden ein wenig, nun, Entschiedeneren erwartet. An Ms. Briscoe war nichts Entschiedenes, außer vielleicht ihr Name, und den streifte sie gleich auf der Schwelle ab.

»Nein, nein. Nennen Sie mich Dusty. Das tut jeder.«

»Wurden Sie Dusty getauft?« fragte Mrs. Ransome und führte

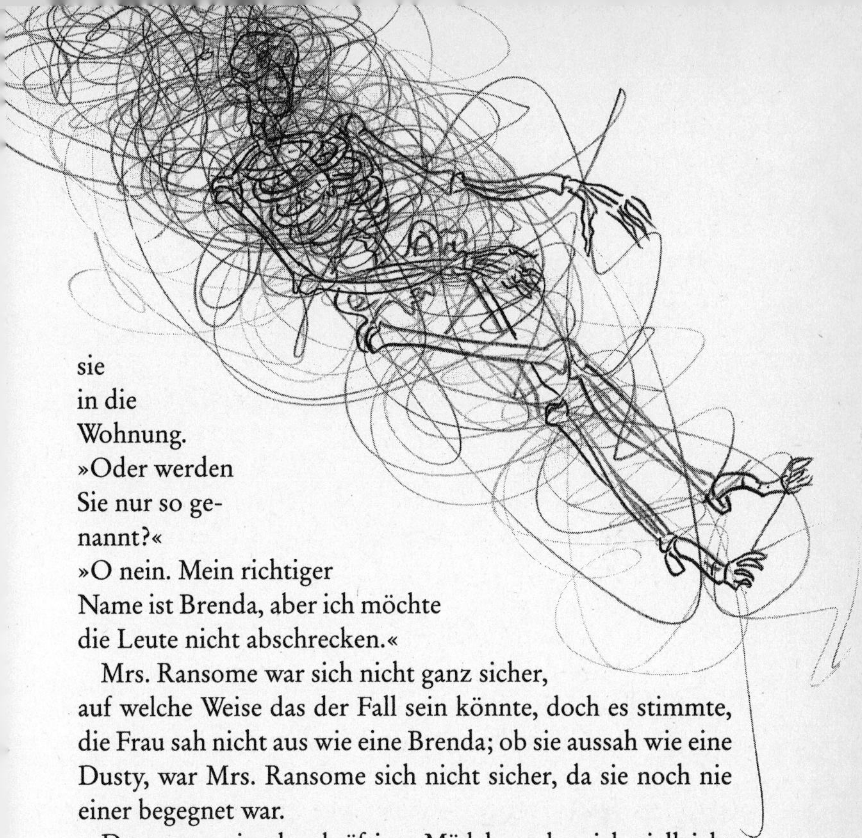

sie
in die
Wohnung.
»Oder werden
Sie nur so genannt?«
»O nein. Mein richtiger
Name ist Brenda, aber ich möchte
die Leute nicht abschrecken.«

Mrs. Ransome war sich nicht ganz sicher, auf welche Weise das der Fall sein könnte, doch es stimmte, die Frau sah nicht aus wie eine Brenda; ob sie aussah wie eine Dusty, war Mrs. Ransome sich nicht sicher, da sie noch nie einer begegnet war.

Dusty war ein eher kräftiges Mädchen, das sich vielleicht aus Klugheit anstelle eines Kleides für ein Trägerkleid mit einer Jacke darüber entschieden hatte, die so lang und weit war, daß sie beinahe wie ein Kleid wirkte. In einer Jackentasche steckten ihr Terminkalender und ein Notizbuch, die andere wurde von einem Handy ausgebeult. In Anbetracht dessen, daß sie für eine Behörde arbeitete, fand Mrs. Ransome, daß Dusty ziemlich schlampig aussah.

»Sie sind also Mrs. Ransome? Rosemary Ransome?«

»Ja.«

»Und so werden Sie auch genannt, ja? Rosemary?«

»Nun, ja« (soweit man mich überhaupt beim Namen nennt, dachte Mrs. Ransome).

»Ich habe mich nur gefragt, ob vielleicht Rose oder Rosie?«

»O nein.«

»Ihre bessere Hälfte nennt Sie Rosemary, oder?«

»Nun, ja«, sagte Mrs. Ransome, »ich glaube schon«, sie ging, um den Wasserkessel aufzusetzen und gab Dusty so die Gelegenheit, ihre erste Notiz zu machen: »Frage: Ist hier wirklich der Einbruch das Problem?«

Als Dusty mit den Beratungen angefangen hatte, hatte man die Opfer ›Fälle‹ genannt. Das war lange her; heute hießen sie Klienten oder sogar Kunden, Begriffe, die Dusty als ohne Mitgefühl empfunden und denen sie sich widersetzt hatte. Inzwischen verschwendete sie auf beide Benennungen keine Gedanken mehr – wie ihre Klienten genannt wurden, schien ebenso belanglos wie die Katastrophen, die ihnen zustießen. Sie waren alle Opfer; sei es eines Einbruchs, eines Überfalls oder eines Verkehrsunfalls, solche Pannen waren einfach der Weg, über den Dusty von diesen schlecht gewappneten Menschen Kenntnis bekam. Und unter bestimmten Bedingungen konnte jeder schlecht gewappnet sein. Die Erfahrung, fand sie, hatte einen Profi aus ihr gemacht.

Sie tranken Tee im Wohnzimmer, und jede versank in einem Sitzsack, ein Manöver, das Mrs. Ransome inzwischen ziemlich gut beherrschte; in Dustys Fall war es jedoch eher ein Purzeln. »Sind die neu?« fragte Dusty und wischte sich etwas Tee von ihrem Trägerkleid. »Gestern war ich bei einer anderen Klientin, der Schwester von jemandem, der im Koma liegt, und sie hatte etwas Ähnliches. Nun, Rosemary, ich möchte, daß wir versuchen, dies alles gemeinsam durchzusprechen.«

Mrs. Ransome war sich nicht sicher, ob dies dasselbe hieß wie ›darüber zu sprechen‹. Das eine schien eine rigorosere, weniger indirekte Version des anderen, wobei ihre unterschiedliche Wortwahl für einen fruchtbaren Diskurs wenig Gutes ahnen ließ. »Besser strukturiert«, hätte Dusty gesagt, hätte Mrs. Ransome es gewagt, diesen Punkt anzusprechen – was sie nicht tat.

Mrs. Ransome beschrieb also die Umstände des Einbruchs und das Ausmaß ihres Verlusts, doch dies machte auf Dusty keinen besonderen Eindruck, weil die reduzierten Umstände, unter denen die Ransomes jetzt lebten – die Sitzsäcke, der Kartentisch etc. –, Dusty weniger als ein Mangel denn als Stil erschienen.

Auch wenn es hier ordentlicher war, entsprach es doch dem minimalistischen Erscheinungsbild, für das sie sich in ihrer eigenen Wohnung entschieden hatte.

»Wie sehr ähnelt dies dem, wie es vorher war?« fragte Dusty.

»Oh, wir hatten wesentlich mehr als das«, sagte Mrs. Ransome. »Wir hatten alles. Es war ein normales Zuhause.«

»Ich weiß, es muß Sie schmerzen«, sagte Dusty.

»Was muß schmerzen?« fragte Mrs. Ransome.

»Es. Es schmerzt Sie.«

Mrs. Ransome dachte darüber nach, doch ihr Stoizismus war lediglich eine Frage der Grammatik. »Oh. Sie meinen, ob ich mich verletzt fühle? Nun, ja und nein. Ich gewöhne mich allmählich daran, würde ich sagen.«

»Gewöhnen Sie sich nicht zu schnell daran«, sagte Dusty. »Geben Sie sich Zeit zu trauern. Ich hoffe, Sie haben geweint, als es passiert ist?«

»Ganz zu Anfang«, sagte Mrs. Ransome. »Aber ich bin schnell darüber hinweggekommen.«

»Und Maurice?«

»Maurice?«

»Mr. Ransome.«

»Oh ... nein. Nein. Ich glaube nicht. Nun«, und es war, als verriete sie ein Geheimnis, »er ist ein Mann, wissen Sie.«

»Nein, Rosemary. Er ist ein Mensch. Es ist ein Jammer, daß er sich damals nicht hat gehenlassen. Die Experten sind sich alle mehr oder weniger darüber einig, daß man, wenn man nicht trauert und alles in sich zurückhält, mit ziemlicher Wahrscheinlichkeit irgendwann einmal an Krebs erkrankt.«

»O Gott«, sagte Mrs. Ransome.

»Natürlich«, sagte Dusty, »finden Männer es schwieriger zu trauern als Frauen. Würde es helfen, wenn ich mit ihm reden würde?«

»Mit Mr. Ransome? Nein, nein«, sagte Mrs. Ransome hastig. »Ich glaube nicht. Er ist sehr ... schüchtern.«

»Trotzdem«, sagte Dusty. »Ich glaube, ich kann Ihnen helfen ... oder wir können einander helfen.« Sie beugte sich vor, um Mrs. Ransomes Hand zu ergreifen, mußte aber feststellen, daß sie sie nicht erreichte, und strich statt dessen über den Sitzsack.

»Man sagt, man fühle sich vergewaltigt«, sagte Mrs. Ransome.

»Ja. Lassen Sie es heraus, Rosemary. Lassen Sie es heraus.«

»Ich habe eigentlich nicht dieses Gefühl. Ich bin eher verblüfft.«

»Klientin verdrängt«, schrieb Dusty, als Mrs. Ransome die Teetassen wegräumte. Dann fügte sie ein Fragezeichen hinzu.

Als sie ging, schlug Dusty vor, Mrs. Ransome möge die ganze Erfahrung doch als Lernkurve verstehen, und daß eine Richtung, die die Kurve eventuell einschlagen könnte (offensichtlich konnte sie mehrere Richtungen einschlagen), die sei, den Verlust ihrer Besitztümer als eine Art Befreiung zu sehen – ›Das Maiglöckchen-Syndrom‹, wie Dusty es nannte.

›Du sollst nicht nach irdischen Schätzen verlangen‹, etwas in der Art. Dieser Gedanke war Mrs. Ransome schon früher gekommen, doch sie begriff trotzdem nicht sofort, was gemeint war, denn Dusty sprach von ihren Besitztümern als ›ihrem Kram‹, ein Wort, das, falls es Mrs. Ransome überhaupt etwas bedeutete, den Inhalt ihrer Handtasche beschrieb, Lippenstift, Puderdose etc., von denen sie in der Tat nichts verloren hatte. Doch als sie später darüber nachdachte, mußte sie sich eingestehen, daß sich alles leichter handhaben ließ, wenn man den ganzen Haufen – Teppiche, Vorhänge, Möbel und Ausstattungsgegenstände – unter dem Begriff ›Kram‹ zusammenfaßte. Dennoch handelte es sich nicht um ein Wort, das sie ihrem Mann gegenüber zu riskieren gedachte.

Um die Wahrheit zu sagen (und auch wenn sie das Mrs. Ransome nicht sagte), war dies ein Rat, den Dusty sowieso nur halbherzig gab. Je mehr sie vom Maiglöckchen-Syndrom zu sehen bekam, desto weniger glaubte sie daran. Sie hatte einen oder zwei Klienten gehabt, die ihr erzählt hatten, ein schmerzhafter Einbruch habe ihnen einen Hinweis darauf gegeben, wie sie leben sollten und daß sie materiellem Besitz von nun an weniger Bedeutung zumessen, mit leichtem Gepäck reisen würden etc. Sechs Monate später war sie zu einem Folgebesuch wiedergekommen und hatte sie sogar noch überladener vorgefunden als zuvor. Viele Menschen schafften es, auf manche Dinge zu verzichten, hatte Dusty entschieden; worauf sie nicht verzichten konnten war, sie zu kaufen.

Als Mrs. Ransome Dusty sagte, daß sie ihre Habseligkeiten nicht besonders vermißte, hatte sie die Wahrheit gesagt. Was sie jedoch vermißte – und das war schwerer in Worte zu fassen –, waren weniger die Dinge an sich als ihre speziellen Bahnen zwischen ihnen. Da war zum Beispiel der grüne Bommelhut, den sie nie getragen, aber immer auf den Flurtisch gelegt hatte, um sich daran zu erinnern, daß sie den Boiler im Badezimmer eingeschaltet hatte. Sie hatte den Bommelhut nicht mehr, und sie hatte den Tisch nicht, um ihn darauf zu legen (daß sie den Boiler noch hatte, mußte als Akt der Vorsehung betrachtet werden). Doch ohne den Bommelhut hatte sie den Boiler schon zweimal die ganze Nacht über angelassen, und einmal hatte Mr. Ransome sich die Hand verbrüht.

Auch er hatte Rituale, auf die er verzichten mußte. Er hatte zum Beispiel die kleine gebogene Schere verloren, mit der er die Haare in seinen Ohren schnitt – und das war nur der Anfang. Auch wenn er nicht besonders eitel war, hatte er doch einen kleinen Schnurrbart, der, wenn er sich selbst überlassen blieb, eine unangenehme Neigung zeigte, sich rötlich zu verfärben, eine Schattierung, die Mr. Ransome mit gelegentlichen Anwendungen einer Haartönung in Schach hielt. Diese kam aus einer uralten Flasche, die Mrs. Ransome vor Jahren an ihren Haarwurzeln ausprobiert und dann umgehend für sich verworfen hatte, doch die Flasche wurde noch immer hinten im Badezimmerschrank aufbewahrt. Indem er die Badezimmertür abschloß, bevor er die Tönung auf der entsprechenden Stelle auftrug, hatte Mr. Ransome niemals zugegeben, was er tat, und Mrs. Ransome wiederum hatte niemals zugegeben, daß sie es ohnehin wußte. Nur war der Badezimmerschrank jetzt verschwunden, und mit ihm die Flasche, und nach einiger Zeit nahm Mr. Ransomes Schnurrbart langsam jenen verräterischen Orangeton an, den er so abscheulich fand. Seine Frau zu bitten, eine neue Flasche zu kaufen, wäre eine Möglichkeit gewesen, doch das hätte bedeutet, jahrelange heimliche Kosmetikbehandlungen zuzugeben. Selbst eine Flasche zu kaufen wäre eine weitere gewesen. Doch wo? Sein Friseur war Pole, und sein Englisch reichte gerade aus für hinten und an den Seiten kurz. Eine Drogerie, in der man Verständnis zeigte, vielleicht, doch sämtliche Drogerien, die Mr. Ransome kannte, zeigten alles andere als Verständnis; die Angestellten dort waren meist gelangweilte kleine Schlampen von achtzehn Jahren, von denen wohl kaum Mitgefühl mit einem Anwalt in mittleren Jahren und seinem schleichenden Rot erwartet werden durfte.

Mr. Ransome verfolgte den rötlichen Fortschritt unglücklich mit Hilfe von Mrs. Ransomes Puderdose, die jetzt als einziger Spiegel der Wohnung im Badezimmer deponiert war, und verfluchte die Einbrecher, die ihm eine solche Demütigung beschert hatten. Währenddessen sann Mrs. Ransome, auf ihrem Feldbett liegend, darüber nach, daß nicht das Geringste, was sie durch den Einbruch verloren hatten, ihre kleinen ehelichen Geheimnisse waren.

Mr. Ransome war mitgeteilt worden, die Versicherung werde zwar nicht für die vorübergehende Miete eines CD-Spielers aufkommen (er wurde nicht als grundlegend wichtig eingestuft), die Miete eines Fernsehgeräts werde sie jedoch unterstützen. Also machte sich Mrs. Ransome eines Morgens auf und wählte das diskreteste Modell, das sie finden konnte.

Es wurde noch am selben Nachmittag geliefert und angeschlossen. Sie hatte noch nie zuvor tagsüber ferngesehen, da sie das Gefühl gehabt hatte, sie habe eigentlich Besseres zu tun. Doch als der Techniker gegangen war, stellte sie fest, daß er das Gerät bei irgendeiner Talk-Show eingeschaltet gelassen hatte, in der ein übergewichtiges amerikanisches Ehepaar von einer Hosenanzug tragenden schwarzen Person dazu befragt wurde, wie ›es denn um ihre sexuelle Beziehung bestellt sei‹, wie die schwarze Dame es ausdrückte.

Der Mann lümmelte sich breitbeinig auf seinen Sitz und beschrieb so detailliert, wie die Frau im Hosenanzug es eben zuließ, was er, wie er es nannte, ›von seiner Ehe verlangte‹. Währenddessen saß die Frau mit übereinandergeschlagenen Armen und zusammengepreßten Knien, aber zu dick, um affektiert zu sein, da und erklärte, daß er, ›ohne daß sie über ihn urteilen wolle, das Deodorant noch nicht für sich entdeckt habe‹.

»Sehen Sie sich diese Körpersprache genau an«, sagte die Dame im Hosenanzug, und die Zuschauer brachen in Gejohle und Gelächter aus, sehr zu Mrs. Ransomes Verblüffung, die nicht wußte, was Körpersprache war.

»Was die Leute für Geld alles tun«, dachte Mrs. Ransome und schaltete ab.

Am folgenden Nachmittag, als sie von ihrem Nickerchen auf dem Sitzsack erwachte, schaltete sie wieder ein und stellte fest, daß sie ein ähnliches Programm sah mit einem gleichermaßen schamlosen Paar und den gleichen johlenden, buhenden Zuschauern, zwischen denen eine andere Moderatorin mit einem Mikrophon auf- und ablief, eine Weiße diesmal, doch ebenso unerschütterlich wie die erste und ebenso blind gegenüber den schlechten Manieren der Leute; Mrs. Ransome kam es sogar so vor, als stachele sie sie noch an.

Diese Moderatorinnen (denn Mrs. Ransome fing nun an, regelmäßig zuzusehen) waren alle mehr oder weniger ähnlich, groß, frech und viel zu selbstbewußt in Mrs. Ransomes Augen (sie glaubte, das sei mit ›biestig‹ gemeint und hätte es eigentlich gerne in Mr. Ransomes Wörterbuch nachgeschlagen). Sie hatten Namen, die sich über das Geschlecht hinwegsetzten: Robin, Bobby, Troy, und manche, wie Tiffany, Page und Kirby, waren nach Mrs. Ransomes Begriffen überhaupt keine Namen.

Die Moderatorinnen und ihre Zuschauer sprachen eine Sprache, die Mrs. Ransome wenigstens anfangs schwer verständlich fand, sie redeten von ›Elternschaft‹ und ›persönlicher Interaktion‹, davon, ›ihr Sexualleben aufeinander abzustimmen‹ und ›sich nicht unterkriegen zu lassen‹. Es war eine Sprache des Bekennens und eines überschwenglichen Zusammengehörigkeitsgefühls. ›Ich verstehe, was du sagst‹, sagten sie und klatschten einander gegenseitig in die Hände, ›ich weiß, woher du kommst.‹ Da war Felicia, die sich langen und liebevollen Geschlechtsverkehr wünschte, und Dwight, ihr Mann, der lediglich gierige Hände hatte und keinerlei Begabung als Liebhaber. Die beiden, darüber war man sich allgemein einig, mußten miteinander reden. Und sie entschieden, es hier zu tun, vor dieser johlenden, sensationslüsternen Menge; und als der Abspann lief, fielen sie hungrig übereinander her, Mund an Mund, während die Zuschauer Zustimmung brüllten und die Moderatorin ihnen mit einem traurigeren und weiseren Lächeln zusah. »Danke, Leute«, sagte sie, und das Paar küßte sich weiter.

Woran sich Mrs. Ransome nie gewöhnen konnte, war, wie schamlos die Teilnehmer waren, wie ungehemmt, und daß keiner von diesen Menschen jemals richtiggehend schüchtern war. Sogar wenn es sich um eine Sendung über Schüchternheit handelte, nahm niemand daran teil, der in irgendeinem Sinne, wie Mrs. Ransome ihn verstand, schüchtern zu nennen gewesen wäre; es gab kein Zaudern und mehr als genügend Teilnehmer, die niemals erröteten und willens waren, aufzustehen und mit ihrer lähmenden Befangenheit und den absurden Situationen zu prahlen, in die eine überwältigende Schüchternheit und Zurückhaltung sie gebracht hatten. Das zu diskutierende Thema mochte noch so privat oder intim sein, keiner dieser eifrigen, lauten Menschen verfügte über so etwas wie Schamgefühl. Im Gegenteil, sie versuchten einander zu überbieten, indem sie mit Geständnissen von Verhaltensweisen aufwarteten, die in ihrer Grobheit und Unanständigkeit immer einfallsreicher wurden; ein unerhörtes Eingeständnis übertrumpfte das nächste, und die Zuschauer begrüßten jede neue Enthüllung mit wilden Freudenschreien und Gebrüll, schleuderten den Teilnehmern Ratschläge entgegen und feuerten sie an, ständig neue Laster zum besten zu geben.

Es gab, das stimmte, seltene Gelegenheiten, wenn einige von den Zuschauern nicht ihrer Schadenfreude, sondern ihrer Empörung Luft machten, oder wenn sie, als Zeugen eines besonders ungeheuerlichen Geständnisses, sogar einen Moment lang wahrhaftig schockiert zu sein schienen; doch das geschah nur deshalb, weil die Moderatorin hinter dem Rükken des Redners zu den Zuschauern hinsah, das Gesicht verzog und so den Einsatz gab für deren Affront. Die Moderatorin war Komplizin, fand Mrs. Ransome, und kein bißchen besser als alle anderen, und sie überschlug sich sogar beinahe, die Teilnehmer daran zu erinnern, daß sie ihr vorher, in der mutmaßlichen Privatsphäre der Garderobe, noch einfallsreichere und unanständigere Taten anvertraut hatten. Wenn sie ihrem Gedächtnis auf die Sprünge half, führten sie eine kunstvolle Pantomime der Scham auf (verbargen den Kopf, schlugen die Hände vors Gesicht, schüttelten sich vor scheinbar hilflosem Gelächter), und das alles nur, um deutlich zu machen, daß sie nie damit gerechnet hätten, daß solche Geheimnisse öffentlich gemacht und, noch weniger, vor der Kamera ausgebreitet würden.

Trotzdem hatte Mrs. Ransome das Gefühl, sie seien alle besser als sie. Denn worüber keine dieser johlenden, kichernden (und häufig recht fettleibigen) Gestalten zu zweifeln schien, war, daß auf dieser elementaren Ebene, auf der diese Programme angesiedelt waren, die Menschen alle gleich waren. Es gab weder Scham noch Zurückhaltung, und so zu tun, als ob es anders wäre, hieß, verklemmt zu sein und ein Heuchler. Mrs. Ransome war der Meinung, sie selbst sei sicherlich ersteres und ihr Mann vermutlich letzteres.

Der Inhalt der Wohnung war für 50000 Pfund versichert. Ursprünglich war es wesentlich weniger gewesen, doch als Anwalt und darüber hinaus als vorsichtiger Mann hatte Mr. Ransome darauf geachtet, daß die Prämie mit den Lebenshaltungskosten Schritt gehalten hatte. Demgemäß hatte diese bescheidene Anhäufung von Haushaltswaren, Möbeln, Einrichtungs- und Ausstattungsgegenständen im Laufe der Jahre stetig an Wert zugenommen; die Stereoanlage und die Küchenmaschine, der Besteckkasten, das versilberte Salatbesteck, die Deckchen und Tischsets und der ganze Apparat eines Lebens, für das die Ransomes die vollständige Ausrüstung hatten, das zu führen sie aber nie geschafft hatten; all dies hatte auf angenehme Weise mit dem Lebenshaltungskostenindex Schritt gehalten. Haltbare, schlichte, unprätentiöse Sachen, gekauft mit einem Auge für den Gebrauch und nicht als Zierat, kaum dezimiert durch Zerbrechen oder Verlust, im Laufe der Jahre pflichtbewußt abgestaubt und poliert, so daß sie sogar kaum Gebrauchsspuren zeigten – all dies hatte sich in aller Stille so fortgesetzt bis zu jener schrecklichen Nacht, als diese Kolonne aus dem Hinterhalt überfallen und die ganze normale, unprätentiöse kleine Gemeinschaft offensichtlich ausgelöscht wurde; und was Mrs. Ransome bescheiden ›unsere Sachen‹ nannte, für immer verschwunden war.

Zu diesem Schluß kam auch die Versicherungsgesellschaft, und zu gegebener Zeit traf über den gesamten Wert ein Scheck ein, inklusive einem unerwarteten Zuschlag, da keine früheren Ansprüche bestanden hatten; dieser Zuschlag sollte ihre Unannehmlichkeiten abdecken und sie für ihren Kummer entschädigen.

»Die zusätzliche Summe ist für unser Trauma«, sagte Mrs. Ransome, als sie den Scheck betrachtete.

»Ich ziehe es vor, von einer Unannehmlichkeit zu sprechen«, sagte Mr. Ransome. »Man hat bei uns eingebrochen, wir sind nicht von einem Bus überfahren worden. Trotzdem, die zusätzliche Summe kommt gerade recht.«

Er arbeitete bereits an einem Plan für eine verbesserte Stereoanlage und einen moderneren CD-Spieler, kombiniert mit einer hochpräzisen Digital-Wiedergabe und einer Ultra-Verfeinerung des Klangs, was alles von einem Paar majestätischer neuer Lautsprecher aus handgearbeitetem Mahagoni umgesetzt werden sollte. Mozart, wie er ihn noch nie zuvor gehört hatte.

Mrs. Ransome saß zufrieden in einem billigen Schaukelstuhl aus Rohrgeflecht, den sie vor einigen Wochen in einem Möbelgeschäft an der Edgeware Road gefunden hatte. Es handelte sich um eine Firma, die sie vor dem Einbruch nicht im Traum betreten hätte, mit protzigen Garnituren, Clownsgemälden und zwei lebensgroßen Keramikleoparden neben dem Eingang. Ein ordinärer Laden, hätte sie früher gedacht, und ein Teil von ihr tat das immer noch, doch Mr. Anwar

hatte ihn empfohlen. Tatsächlich war der Schaukelstuhl, den sie dort gekauft hatte, wunderbar bequem und im Gegensatz zu dem Sessel, in dem sie vor dem Einbruch zu sitzen pflegte, gut für ihren Rücken. Da der Scheck von der Versicherung nun eingetroffen war, plante sie, einen dazu passenden für Mr. Ransome zu erstehen. In der Zwischenzeit hatte sie bereits einen Teppich gekauft, um den Stuhl daraufzustellen, der, bestickt mit einem Elefantenmotiv, im Schein einer Messinglampe erstrahlte, die sie im selben Geschäft gekauft hatte.

Während sie so dasaß, einen, wie Mr. Anwar ihr gesagt hatte, afghanischen Gebetsteppich um die Schultern, fühlte sie sich inmitten des kahlen Wohnzimmerbodens wie auf einer gemütlichen, ein wenig exotischen kleinen Insel.

Mr. Ransomes Insel war vorerst weniger gemütlich, lediglich ein Stuhl an dem Kartentisch, auf den Mrs. Ransome den einzigen Brief gelegt hatte, der die Post dieses Tages ausmachte. Mr. Ransome hob den Umschlag auf. Er roch Curry und fragte: »Was gibt's zum Abendessen?«

»Curry.«

Mr. Ransome drehte den Brief um. Er sah aus wie eine Rechnung. »Was für ein Curry?«

»Lamm«, sagte Mrs. Ransome. »Mit Aprikosen. Ich frage mich die ganze Zeit«, sagte sie, »ob weiß zu kühn wäre?«

»Weiß was?« fragte Mr. Ransome und hielt den Umschlag ans Licht.

»Nun«, sagte sie zögernd, »alles in Weiß, eigentlich.«

Mr. Ransome antwortete nicht. Er las den Brief.

»Du darfst dich nicht zu sehr aufregen«, sagte Mr. Ransome, als sie Richtung Aylesbury fuhren. »Es könnte sein, daß jemand einen merkwürdigen Sinn für Humor hat. Noch ein Scherz.«

Tatsächlich war ihre Stimmung ziemlich flau, und die Landschaft ebenfalls; sie hatten kaum gesprochen, seit sie losgefahren waren. Der Brief mit Mr. Ransomes mit Bleistift notierten Wegbeschreibungen lag auf Mrs. Ransomes Schoß.

»Am Kreisverkehr links«, dachte Mr. Ransome.

»Am Kreisverkehr nach links«, sagte Mrs. Ransome.

Er hatte morgens die Lagerfirma angerufen. Ein Mädchen war am Apparat. Die Firma nannte sich Rasant & Zuverlässig Umzüge & Lagerungen, und dieses Rasant, fand Mr. Ransome, schmeckte nach Ärger, und er wurde nicht enttäuscht.

»Hallo. Rasant & Zuverlässig Umzüge & Lagerungen. Christine Thoseby am Apparat. Was kann ich für Sie tun?«

Mr. Ransome fragte nach Mr. Ralston, der den Brief unterschrieben hatte.

»Im gegenwärtigen Moment befindet sich Mr. Ralston in Cardiff. Was kann ich für Sie tun?«

»Wann wird er zurück sein?«

»Nicht vor nächster Woche. Er bereist unsere Lager. Was kann ich für Sie tun?«

Ungeachtet ihrer wiederholten Angebote zu helfen, strahlte Christine über das geübte Desinteresse eines Menschen aus, der beständig seine Nägel lackiert. Und als Mr. Ransome ihr erklärte, er habe am Tag zuvor eine rätselhafte Rechnung über 344,36 Pfund für die Lagerung gewisser Hausratsgegenstände aus dem Besitz von Mr. und Mrs. Ransome erhalten, sagte Christine nur: »Na und?« Er begann, die Umstände zu erklären, doch bei dem Hinweis, bei den in Frage kommenden Gegenständen handle es sich eventuell um Diebesgut, wurde Christine lebendig.

»Darf ich Sie unterbrechen? Ich denke, das ist sehr unwahrscheinlich, ganz ehrlich, ich meine, Rasant & Zuverlässig Umzüge & Lagerungen wurde bereits 1977 gegründet.«

Mr. Ransome versuchte es anders. »Sie wissen nicht zufällig, ob zu dem gewissen Hausrat, der bei Ihnen aufbewahrt wird, eine alte Stereoanlage gehört?«

»Da kann ich Ihnen leider nicht helfen, fürchte ich. Aber wenn Sie bei Rasant & Zuverlässig irgendwelche Gegenstände gelagert haben, tauchen sie auf dem C47 auf, von dem Sie eine Kopie haben sollten. Ein gelber Durchschlag.«

Mr. Ransome fing an zu erklären, warum er einen solchen Durchschlag nicht hatte, doch Christine schnitt ihm das Wort ab.

»Das kann ich schließlich nicht wissen, nicht wahr, denn ich bin in Newport Pagnell. Das hier ist das Büro. Das Lager ist in Aylesbury. Heute kann man überall sein. Durch die Computer. Martin ist eigentlich derjenige, der Ihnen in Aylesbury helfen könnte, aber ich weiß zufällig, daß er heute die meiste Zeit unterwegs ist.«

»Ich überlege mir, ob ich nicht nach Aylesbury fahren sollte«, sagte Mr. Ransome, »einfach um nachzusehen, ob dort irgend etwas ist.«

Christine war nicht begeistert. »Ich kann Sie wirklich nicht davon abhalten«, sagte sie, »wir sind dort allerdings nicht auf Besucher eingerichtet. Es ist nicht wie in einem Hundezwinger«, fügte sie unerklärlicherweise hinzu.

Da Mr. Ransome erklärt hatte, die Lagerfirma befinde sich in einem Industriepark, stellte sich Mrs. Ransome, die mit diesem Genre nicht vertraut war, vor, die Firma liege in angenehm pastoraler Umgebung; ein Park war in der Tat ein Park und gehörte zu einem mehr oder weniger stattlichen Haus, das man einfühlsam den modernen Erfordernissen angepaßt hatte; auf dem Gelände befanden sich vielleicht Werkstätten; Büros, die sich diskret unter Bäume schmiegten. Im Mittelpunkt dieses Unternehmenszentrums stellte sie sich ein Landhaus vor, wo hochgewachsene Frauen mit Aktenordnern über Terrassen schritten und Stenotypistinnen in vergoldeten Salons unter bemalten Decken ihrer Arbeit nachgingen. Wäre sie auf die Idee gekommen, dieses Bild auf seine Ursprünge zurückzuverfolgen, wäre ihr aufgefallen, daß es aus Kriegsfilmen stammte, in denen französische Schlösser vom deutschen Oberkommando besetzt wurden und am Vorabend der alliierten Landung vor neuem Leben summten.

Sie war gut beraten, diese romantischen Erwartungen gegenüber Mr. Ransome für sich zu behalten, da er, als Syndikus mehrerer Firmen mit der Realität vertraut, damit kurzen Prozeß gemacht hätte.

Erst als sie feststellte, daß sie über eine triste, baumlose Ringstraße gefahren wurde, wo sich kleine Fabriken aneinanderreihten und überall Beton und störrisches Gras wucherten, begann Mrs. Ransome, ihre Erwartungen zu revidieren.

»Hier sieht es nicht sehr ländlich aus«, bemerkte Mrs. Ransome.

»Warum sollte es?« fragte Mr. Ransome, der gerade im Begriff war, durch ein keineswegs palladianisches Metalltor zu fahren.

»Hier ist es«, sagte Mrs. Ransome und schaute auf den Brief.

Das Tor war in einen über zwei Meter hohen Zaun eingelassen, der von einer schrägen Blende aus Stacheldraht gekrönt wurde, so daß der Ort weniger wie ein Park denn wie ein Gefängnis aussah. An einem leeren Wachhäuschen war ein blaugelb gemaltes metallenes Diagramm angebracht, das die Lage der diversen Firmen auf dem Gelände anzeigte. Mr. Ransome stieg aus, um nach Gebäude 14 Ausschau zu halten.

»Sie befinden sich hier«, besagte ein Pfeil, allerdings hatte jemand der Pfeilspitze ein Paar grob gemalter Arschbacken aufgesetzt.

Gebäude 14 schien ein paar hundert Meter weit innerhalb der Umzäunung zu liegen, ziemlich genau dort, wo, wären die Arschbacken maßstabsgerecht weitergezeichnet worden, sich in etwa der Nabel hätte befinden müssen. Mr. Ransome stieg wieder in den Wagen und fuhr in der heraufziehenden Dämmerung bis zu einem breiten, flachen, hangarähnlichen Gebäude mit rot gestrichenen doppelten Schiebetüren, die keinerlei Erkennung aufwiesen außer der Warnung, daß Wachhunde patrouillierten. Es gab keine anderen Fahrzeuge und nirgendwo ein Lebenszeichen von irgend jemandem.

Mr. Ransome zog an der Schiebetür, doch ohne Hoffnung, daß sie offen sein könnte. Was sie auch nicht war.

»Sie ist abgeschlossen«, sagte Mrs. Ransome.

»Was du nicht sagst«, murmelte Mr. Ransome vor sich hin und marschierte seitlich um das Gebäude herum, langsamer gefolgt von Mrs. Ransome, die sich zwischen Gerümpel und

Ziegelsteinen und hartem Gras unsicher einen Weg bahnte. Mr. Ransome spürte, wie sein Schuh auf etwas ausrutschte.

»Paß auf den Hundekot auf«, sagte Mrs. Ransome. »Er ist überall im Gras verteilt.« Stufen führten zu einer Kellertür hinunter. Mr. Ransome versuchte auch diese. Sie war ebenfalls verschlossen; vielleicht handelte es sich um einen Heizungsraum. »Das sieht aus wie ein Heizungsraum«, sagte Mrs. Ransome.

Er kratzte sich an einer Stufe den Schuh ab.

»Man könnte doch eigentlich erwarten, daß sie sie dazu erziehen, ein gutes Beispiel zu geben«, sagte Mrs. Ransome.

»Wen?« fragte Mr. Ransome und rieb seinen verschmutzten Schuh an dem dünnen Gras ab.

»Die Wachhunde.«

Sie hatten ihre Runde um den Hangar beinahe vollendet, als sie an ein kleines Milchglasfenster kamen, hinter dem ein schwacher Lichtschein zu erkennen war. Es stand oben ein paar Zentimeter weit offen und gehörte offensichtlich zu einer Toilette, und durch das Glas erkannte Mrs. Ransome auf dem Fenstersims schwach den verschwommenen Umriß einer Toilettenrolle. Es war ohne Zweifel ein Zufall, daß sie blau war, auch noch vergißmeinnichtblau, ein Farbton, den Mrs. Ransome bei ihren eigenen Toilettenrollen immer bevorzugt hatte und der nicht immer leicht zu finden war. Sie drückte ihr Gesicht an das Glas, um sie deutlicher sehen zu können, und sah dann noch etwas anderes.

»Schau mal, Liebster«, sagte Mrs. Ransome. Doch Mr. Ransome schaute nicht hin. Er lauschte.

»Sei still«, sagte er. Er konnte Mozart hören.

Und durch den Spalt im Toilettenfenster schwebten die vollen, dunklen, üppigen und absolut unverwechselbaren Töne von Dame Kiri Te Kanawa.

»Per pietà, ben mio«, sang sie gerade, »perdona all 'error d'un amante.«

Und die Musik wehte heraus in die feuchte Dämmerung, erhob sich über Rasant & Zuverlässig in Gebäude 14 und über Croda Klebstoffe in Gebäude 16 und Lansyl Selant Dichtungsstoffe in Gebäude 20 (die Gebäude 17–19 waren zu vermieten).

»O Dio«, sang Dame Kiri. »O Dio.«

Und die Umgehungsstraße hörte es, und die verhüllten, verkümmerten Baumschößlinge, die dort gepflanzt worden waren, und das schmutzige, tröpfelnde Flüßchen, das sich durch eine Betonröhre zu einem klumpigen Feld auf der anderen Seite zog, wo ein schäbiges Pferd nachdenklich zwei Fässer und eine Stange anstarrte. Alle hörten es.

Elektrisiert von den Klängen der antipodischen Sängerin, kletterte Mr. Ransome das Abflußrohr hinauf und kniete sich unter Schmerzen auf den Fenstersims. Während er sich mit einer Hand an das Rohr klammerte, drückte er mit der anderen das Fenster fünf Zentimeter weiter auf und zwängte seinen Kopf so weit es ging hinein und wäre dabei beinahe vom Fenstersims gerutscht.

»Vorsicht«, sagte Mrs. Ransome.

Mr. Ransome begann zu rufen. »Hallo. Hallo?«

Mozart verstummte, und irgendwo fuhr ein Bus vorbei.

In diese Stille hinein rief Mr. Ransome erneut, diesmal beinahe fröhlich. »Hallo!«

Plötzlich brach ein Tumult los. Hunde fingen an zu bellen, eine Sirene heulte, und Mr. und Mrs. Ransome wurden von einem halben Dutzend Sicherheitslampen festgenagelt und geblendet, die direkt auf ihre schrumpfenden Gestalten gerichtet waren. Vor Schreck versteinert klammerte sich Mr. Ransome verzweifelt an das Klofenster, während sich Mrs. Ransome so dicht es ging an die Mauer drückte und eine Hand (unaufdringlich, wie sie hoffte) auf den Fenstersims schob, um an Mr. Ransomes Knie Trost zu suchen.

Dann hörte der Tumult genauso plötzlich auf, wie er angefangen hatte; die Lichter erloschen, das Sirenengeheul verlor sich, und das Hundegebell verebbte zu einem gelegentlichen Knurren. Während er zitternd auf dem Sims stand, hörte Mr. Ransome, wie eine Tür zurückgeschoben wurde und Schritte ohne Eile über den Hof kamen.

»Tut mir leid, Leute«, sagte eine männliche Stimme. »Wegen der Einbrecher, leider, ein paar Maßnahmen, um sie zu entdecken und zu entmutigen.«

Mrs. Ransome starrte in die Dunkelheit, doch da sie immer noch halb geblendet war von den Lichtern, konnte sie nichts sehen. Mr. Ransome rutschte am Abflußrohr nach unten und stellte sich neben sie. Sie griff nach seiner Hand.

»Hier entlang, Kameraden und Kameradinnen. Hier herüber.«

Mr. und Mrs. Ransome stolperten über das restliche Gras auf den Asphalt, wo sich unter der offenen Tür die Umrisse eines jungen Mannes abzeichneten.

Verwirrt folgten sie ihm in den Hangar, und bei Licht besehen gaben sie ein traurig aussehendes Paar ab. Mrs. Ransome humpelte, denn einer ihrer Absätze war abgebrochen, und beide Strümpfe hatten Laufmaschen. Mr. Ransomes Hose hatte am Knie einen Riß, er hatte Scheiße an den Schuhen, und auf seiner Stirn, wo er das Gesicht an die Scheibe gedrückt hatte, war ein langer, schwarzer Fleck.

Der junge Mann lächelte und streckte die Hand aus. »Maurice. Rosemary. Hi! Ich bin Martin.«

Er hatte ein angenehmes, offenes Gesicht, und obwohl er eines von diesen Bärtchen trug, mit denen sie in Mrs. Ransomes Augen alle wie Giftmischer aussahen, sah er für einen Lageristen irgendwie ziemlich stilvoll aus. Nun gut, er trug eine von diesen Mützen, die einmal die charakteristische Kopfbedeckung amerikanischer Golfer gewesen waren, inzwischen aber allgemein verbreitet zu sein schienen, und hinten lugte ein kleines, mit einem Gummiband zusammengehaltenes Schwänzchen heraus, und außerdem hing ihm, wie ihnen allen heutzutage, das Hemd aus der Hose; doch was ihm in Mrs. Ransomes Augen ein gewisses Auftreten verlieh, war eine schicke dunkelrote Strickjacke. Sie war nicht unähnlich jener, die sie im vorigen Jahr bei Simpson's im Ausverkauf für Mr. Ransome ausgesucht hatte. Locker um den Hals geschlungen trug er einen gelben Seidenschal mit Pferdeköpfen darauf. Auch davon hatte Mrs. Ransome Mr. Ransome einen gekauft, der ihn jedoch nur ein einziges Mal getragen hatte, da er der Meinung war, er sehe damit aus wie ein Hochstapler. Dieser Junge sah nicht aus wie ein Hochstapler; er sah blendend aus, und sie dachte, falls sie jemals ihre Habseligkeiten zurückbekämen, würde sie den Schal aus dem Schrank ausgraben, damit ihr Mann einen neuen Versuch machen konnte.

»Folgen Sie moi«, sagte der junge Mann und führte sie einen kalten, teppichlosen Flur entlang.

»Es ist so nett, Sie endlich kennenzulernen«, sagte er über die Schulter, »obwohl ich unter den gegebenen Umständen beinahe das Gefühl habe, als kennte ich Sie bereits.«

»Welchen Umständen?« fragte Mr. Ransome.

»Haben Sie einen Augenblick Geduld mit mir«, sagte Martin.

Mr. und Mrs. Ransome standen im Dunkeln, während der junge Mann an einem Schloß herumfummelte.

»Ich werde die Lage sofort ein bißchen erhellen«, sagte er, und in dem Raum vor ihnen ging ein Licht an.

»Kommen Sie herein«, sagte Martin und lachte.

Müde und schmutzig und im Licht blinzelnd stolperten Mr. und Mrs. Ransome durch die Tür und in ihre eigene Wohnung.

Sie war genau so, wie sie sie an dem Abend, als sie in die Oper gegangen waren, verlassen hatten. Da waren ihr Teppich, ihr Sofa, ihre hochlehnigen Stühle, der imitierte antike Kaffeetisch aus Walnußfurnier mit den abgerundeten Ecken und den geschwungenen Beinen und der letzten Nummer von *Grammophon* obenauf. Da lag am Rand des Sofas Mrs. Ransomes Stickerei, wo sie sie an jenem unvergeßlichen Abend Viertel vor sechs hingelegt hatte, um sich umzuziehen. Dort auf dem Satztisch stand das Glas, aus dem Mr. Ransome einen Tropfen getrunken hatte, um heil durch den ersten Akt von *Così* zu kommen, und war immer noch (Mrs. Ransome berührte den Glasrand mit dem Finger) ein wenig klebrig.

Auf dem Kaminsims die Kutschen-Uhr, die Mr. Ransome zu seinem 25jährigen Jubiläum von der Firma Selvey, Ransome, Steele und Co. überreicht worden war. Sie schlug sechs, doch Mrs. Ransome war sich nicht sicher, ob sechs damals oder sechs heute. Die Lichter brannten, genau so, wie sie sie zurückgelassen hatten.

»Stromverschwendung, ich weiß«, wollte Mr. Ransome gerade sagen, »aber wenigstens hält es Gelegenheitsdiebe ab«, und auf dem Flurtisch die Abendzeitung, von Mr. Ransome für Mrs. Ransome dort hingelegt, weil sie sie gewöhnlich am nächsten Morgen beim Frühstückskaffee las.

Außer einem Pappteller mit kalten Curryresten, den Martin säuberlich mit dem Fuß unters Sofa schob und »Tut mir leid« murmelte, war alles, jede Kleinigkeit, wie es sein sollte; sie hätten ebensogut zu Hause in ihrer Wohnung in Naseby Mansions, St John's Wood, sein können, statt in einem Hangar auf einem Industriegelände irgendwo ganz weit draußen.

Das Gefühl böser Vorahnung, mit dem Mrs. Ransome an diesem Nachmittag losgefahren war, war verschwunden; jetzt war da nur noch Freude, als sie durch das Zimmer wanderte, hin und wieder mit einem Lächeln einen geschätzten Gegenstand aufnahm, und ein »Oh!«, wenn sie etwas wiedererkannte und es hochhielt, damit ihr Mann es sehen konnte. Mr. Ransome seinerseits war beinahe gerührt, als er seinen alten CD-Spieler entdeckte, seinen bewährten alten CD-Spieler, wie er jetzt zu denken geneigt war, nicht ganz das Neueste, das ehrwürdige alte Ding, aber immer noch rechtschaffen und altmodisch; ja, es tat gut, ihn wiederzusehen, und er gab für Mrs. Ransome ein kurzes Schmettern von *Così*.

Martin beobachtete diese Wiedervereinigung mit beinahe stolzem Lächeln und fragte: »Ist alles richtig? Ich habe versucht, alles genau so zu lassen, wie es war.«

»O ja«, sagte Mrs. Ransome, »es ist perfekt.«

»Erstaunlich«, sagte ihr Mann.

Mrs. Ransome erinnerte sich an etwas. »Ich hatte eine Kasserolle in den Backofen gestellt.«

»Ja«, sagte Martin, »sie hat mir gut gemundet.«

»War sie nicht trocken?« wollte Mrs. Ransome wissen.

»Nur ein wenig«, sagte Martin und folgte ihnen ins Schlafzimmer. »Vielleicht wäre Gasstufe drei besser gewesen.«

Mrs. Ransome nickte und bemerkte auf der Ankleidekommode das Stück Küchenpapier (sie erinnerte sich, daß ihnen die Kleenex-Tücher ausgegangen waren), mit dem sie vor drei Monaten ihren Lippenstift abgetupft hatte.

»Die Küche«, sagte Martin, als würden sie den Weg nicht kennen, obwohl sie genau dort war, wo sie sein sollte, und auch genau so, außer daß der jetzt leere Schmortopf abgewaschen auf dem Abtropfbrett stand.

»Ich wußte nicht genau, wo er hingehört«, sagte Martin entschuldigend.

»Das ist in Ordnung«, sagte Mrs. Ransome, »er gehört hier hinein.« Sie öffnete den Schrank neben der Spüle und räumte den Topf weg.

»Das dachte ich mir«, sagte Martin, »aber ich wollte es nicht riskieren.« Er lachte, und Mrs. Ransome lachte auch.

Mr. Ransome schaute finster drein. Der junge Mann war zwar sehr höflich, wenn auch zu vertraulich, aber das Ganze schien ein bißchen zu entspannt. Schließlich war ein Verbrechen begangen worden, und zwar kein geringfügiges; die Sachen hier waren gestohlen, was hatten sie hier zu suchen?

Mr. Ransome fand, daß es an der Zeit sei, die Situation in die Hand zu nehmen.

»Tee?« fragte Martin.

»Nein, danke«, sagte Mr. Ransome.

»Ja, bitte«, sagte seine Frau.

»Dann«, sagte Martin, »müssen wir reden.«

Diese Wendung hatte Mrs. Ransome im wirklichen Leben noch nie gehört, und sie betrachtete diesen jungen Mann mit neuer Erkenntnis: Sie wußte, woher er kam. Mr. Ransome ebenso.

»Ja, in der Tat«, sagte Mr. Ransome entschlossen, setzte sich an den Küchentisch und wollte den Anfang machen, indem er diesen alles in allem viel zu selbstzufriedenen jungen Mann fragte, was das alles sollte.

»Vielleicht«, sagte Martin, als er Mrs. Ransome ihren Tee reichte, »vielleicht möchten Sie mir erzählen, was das alles soll. Bei allem Respekt, wie man so sagt.«

Das war zuviel für Mr. Ransome.

»Vielleicht«, explodierte er, »und bei allem Respekt, möchten Sie mir erzählen, warum Sie meine Strickjacke tragen.«

»Du hast sie ganz selten getragen«, sagte Mrs. Ransome friedfertig. »Wunderbarer Tee.«

»Das ist nicht der Punkt, Rosemary.« Mr. Ransome benutzte selten ihren Vornamen, und wenn, dann nur in Form einer stumpfen Waffe. »Und das ist mein Seidenschal.«

»Den hast du überhaupt nie getragen. Du sagtest, du sähest damit aus wie ein Hochstapler.«

»Das ist der Grund, weshalb er mir gefällt«, sagte Martin glücklich, »der Hochstapler-Effekt. Aber alles Gute findet einmal ein Ende, wie man so sagt.« Und ohne Eile (und ziemlich reuelos, fand Mr. Ransome) zog er die Strickjacke aus, knüpfte den Schal auf und legte beides auf den Tisch.

Nachdem er es aus diesen schützenden Hüllen befreit hatte, gab Martins T-Shirt, dessen Botschaft bisher nur angedeutet gewesen war, furchtlos seine Botschaft preis: »Got a stiffy? Wear a jiffy.« Und in Klammern: »Zeichnung siehe Rückseite.« Während sich Mr. Ransome in seinem Stuhl nach vorne beugte, um seine Frau vor der beleidigenden Illustration abzuschirmen, beugte sich Mrs. Ransome leicht nach hinten.

»Übrigens«, sagte Martin, »wir haben ein oder zwei von Ihren Sachen getragen. Ich habe mit Ihrem braunen Mantel angefangen. Ursprünglich sollte es ein kleiner Scherz sein.«

»Ein Scherz?« wiederholte Mr. Ransome, dem die humorvolle Seite des besagten Kleidungsstücks nie aufgefallen war.

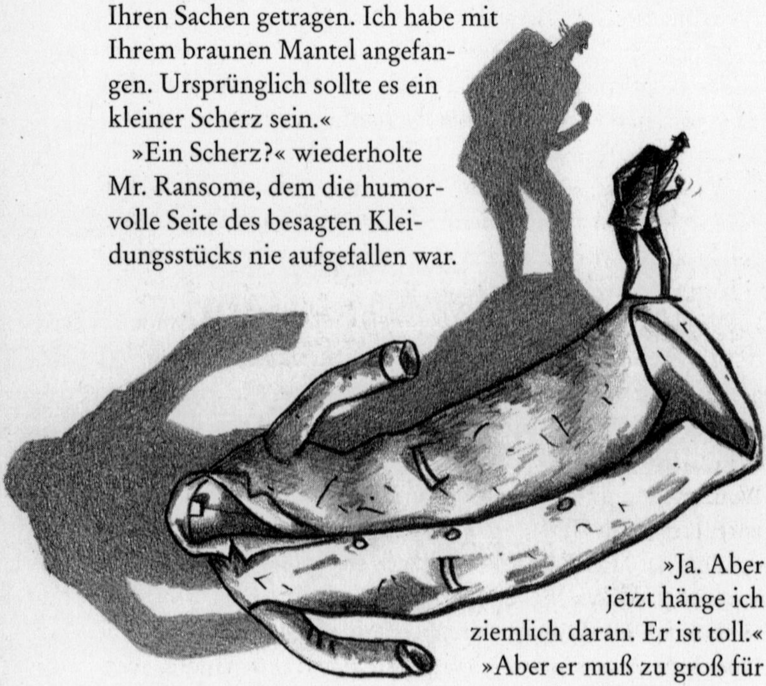

»Ja. Aber jetzt hänge ich ziemlich daran. Er ist toll.«

»Aber er muß zu groß für Sie sein«, sagte Mrs. Ransome.

»Ich weiß. Deshalb ist er ja so toll. Und Sie haben tonnenweise Schals. Cleo findet, Sie haben einen wirklich guten Geschmack.«

»Cleo?« fragte Mrs. Ransome.

»Meine Partnerin.«

Dann, als ihm auffiel, daß Mr. Ransome vor Wut mittlerweile beinahe die Augen aus den Höhlen quollen, zuckte Martin die Achseln. »Schließlich sind Sie es gewesen, die uns grünes Licht gegeben haben.« Er ging ins Wohnzimmer und kam mit einem Ordner zurück, den er auf den Küchentisch legte.

»Sagen Sie mir einfach«, sagte Mr. Ransome mit schrecklicher Ruhe, »warum unsere Sachen hier sind.«

Und Martin erklärte es. Außer daß es keine richtige Erklärung war, und als er fertig war, waren sie nicht viel weiter als zuvor.

Er war eines Morgens vor ungefähr drei Monaten zur Arbeit gekommen (»Am 15. Februar«, ergänzte Mrs. Ransome hilfsbereit), und als er die Türen aufgeschlossen hatte, hatte er ihre Wohnung vorgefunden, genau so, wie sie in Naseby Mansions gewesen war, und genau so, wie sie sie jetzt vor sich sahen – die Teppiche lagen aus, die Lichter brannten, es war warm, aus der Küche drang Essensgeruch.

»Wirklich«, sagte Martin glücklich, »ein Zuhause.«

»Aber es muß Ihnen doch sicherlich aufgefallen sein«, sagte Mr. Ransome, »daß dies, um das mindeste zu sagen, ungewöhnlich war?«

»Sehr ungewöhnlich«, stimmte Martin zu. Normalerweise, erzählte er, waren Haushaltseinrichtungen in Containern untergebracht, in Kisten verpackt und versiegelt, und der Container wurde hinten auf dem Gelände abgestellt, bis man ihn benötigte. »Wir lagern haufenweise Möbel, aber manchmal sehe ich ein halbes Jahr lang keinen Lehnsessel.«

»Aber warum wurde das alles einfach hier abgeladen?« wollte Mrs. Ransome wissen.

»Einfach abgeladen?« fragte Martin. »Das nennen Sie einfach abgeladen? Es ist schön, es ist ein Gedicht.«

»Warum?« fragte Mr. Ransome.

»Nun, als ich an jenem Morgen hereinkam, lag ein Umschlag auf dem Flurtisch ...«

»Dahin lege ich normalerweise die Briefe«, sagte Mrs. Ransome.

»... ein Umschlag«, sagte Martin, »mit 3000 Pfund in bar, um die Lagerkosten für zwei Monate zu decken, nun, das liegt weit über unseren normalen Kosten, sage ich Ihnen. Und«, sagte Martin und nahm eine Karte aus dem Ordner, »da war dies.«

Es war ein Blatt, das aus dem *Delia Smith Koch-Kalender* herausgerissen worden war mit einem Rezept für den Schmorbraten, den Mrs. Ransome an jenem Nachmittag zubereitet und den sie im Backofen gelassen hatte. Auf der Rückseite stand geschrieben: »Genau so lassen, wie es ist«, dann, in Klammern, »alles kann jederzeit benutzt werden.« Dies war unterstrichen.

»Was Ihren Mantel anbetraf und die Schals etc., hatte ich deshalb das Gefühl«, Martin suchte nach dem richtigen Wort, »das sei meine *Imprimatur.*« (Er hatte kurz die Universität Warwick besucht.)

»Aber das könnte jeder geschrieben haben«, sagte Mr. Ransome.

»Und 3000 Pfund in bar dazulegen?« sagte Martin. »Kein Gedanke. Ich habe es allerdings überprüft. In Newport Pagnell wußte keiner etwas. Auch nicht in Cardiff und Leeds. Ich habe es durch den Computer laufen lassen, und sie haben absolut nichts rausgekriegt. Also habe ich gedacht: ›Nun, Martin, das Zeug ist da. Fürs erste ist alles bezahlt, warum richtest du dich also nicht einfach häuslich ein?‹ Das habe ich getan. Die CDs hätten für meinen Geschmack allerdings ein bißchen unterschiedlicher sein dürfen. Ich schätze, Sie sind Mozart-Fan?«

»Ich bin immer noch der Ansicht«, sagte Mr. Ransome gereizt, »Sie hätten ein paar weitere Nachforschungen anstellen können, bevor Sie so frei über unsere Habe verfügten.«

»Es ist ungewöhnlich, da stimme ich Ihnen zu«, sagte Martin, »nur, weshalb hätte ich das tun sollen? Ich hatte keinen Grund, ein ... faules Ei zu riechen, oder?«

Mr. Ransome bemerkte (und ärgerte sich darüber) diesen gelegentlichen, unangemessenen fragenden Ton, mit dem Martin (wie die Jugend im allgemeinen) häufig seine Sätze zu beenden pflegte. Er hatte ihn aus dem Mund seines Bürolehrlings gehört, ohne zu wissen, daß diese Angewohnheit sogar bis Aylesbury verbreitet war (›Und wohin gehen Sie jetzt, Foster?‹ ›Zum Mittagessen?‹). Es wirkte unverschämt, obwohl man schwer sagen konnte, weshalb, und löste bei Mr. Ransome unweigerlich schlechte Laune aus (was der Grund war, warum Foster es tat).

Martin dagegen schien sich des Ärgers, den er auslöste, nicht bewußt zu sein; seine Gemütsruhe war so unerschütterlich, daß Mr. Ransome es auf Drogen schob. Jetzt saß Martin glücklich am Küchentisch und plauderte entspannt mit Rosemary, wie er sie nannte, während Mr. Ransome auf der Suche nach offensichtlichen Schäden oder Spuren von Vernachlässigung oder auch nur unsachgemäßer Behandlung in der Wohnung herumfuhrwerkte.

»Seine Laune muß sich nur ein bißchen aufhellen«, sagte Martin, während Mr. Ransome mit den Schränken klapperte.

Mrs. Ransome war sich nicht sicher, ob aufhellen dasselbe bedeutete wie aufheitern, doch sie verstand, was er meinte, lächelte und nickte.

»Es war wie Zuhause spielen«, sagte Martin, »Cleo und ich wohnen normalerweise über einer chemischen Reinigung.«

Mrs. Ransome dachte, Cleo sei vielleicht schwarz, wollte aber nicht fragen.

»Übrigens«, und Martin senkte die Stimme, denn Mr. Ransome war in der Vorratskammer und zählte die Weinflaschen im Regal, »übrigens hat es neuen Schwung in unsere Beziehung gebracht. Ein Ortswechsel, Sie wissen, was man so sagt.«

Mrs. Ransome nickte wissend; dies war ein häufiges Thema in den Nachmittagsprogrammen.

»Ein gutes Bett«, wisperte Martin, »die Matratze gibt einem eine Menge – wie sagt man? – Hebelwirkung.« Martin machte einen kleinen Hüftstoß. »Sie verstehen, was ich meine, Rosemary, nicht wahr?« Er zwinkerte.

»Es ist eine orthopädische Matratze«, sagte Mrs. Ransome hastig. »Mr. Ransome hat einen schlimmen Rücken.«

»Den hätte ich wahrscheinlich auch, wenn ich noch viel länger hier wohnen würde.« Martin tätschelte ihre Hand. »War nur ein Witz.«

»Was ich nicht verstehe«, sagte Mr. Ransome, der in die Küche kam, als Martin seine Hand immer noch auf der seiner Frau liegen hatte (und auch das verstand Mr. Ransome nicht), »was ich nicht verstehe ist, wie sich derjenige, der unsere Sachen hierher transportiert hat, so genau erinnern konnte, wo alles hingehört.«

»Beunruhigen Sie sich nicht länger«, sagte Martin, ging in

den Flur und holte ein Fotoalbum. Es war ein Geschenk, das Mr. Ransome für Mrs. Ransome gekauft hatte, als er sie hatte überreden wollen, sich ein Hobby zu suchen. Er hatte ihr auch eine Kamera gekauft, von der sie nie verstanden hatte, wie man sie benutzte, so daß die Kamera nie zum Einsatz kam, ebensowenig wie das Album. Jetzt war es allerdings voller Fotos.

»Die Polaroidkamera«, sagte Martin, »und ihre Segnungen.«

Es gab ungefähr ein Dutzend Fotografien von jedem Zimmer der Wohnung, wie es in jener fraglichen Nacht gewesen war; allgemeine Ansichten des Zimmers, der Zimmerecken, eine Nahaufnahme des Kaminsimses, eine weitere von der Schreibtischplatte, jedes Zimmer und jede Oberfläche waren gewissenhaft und detailgetreu fotografiert. Fast als hätte ein Continuity-Assistent ihre Wohnung für ein Filmset aufgenommen.

»Und unser Name und unsere Adresse?« fragte Mr. Ransome.

»Ganz einfach«, sagte Martin. »Öffnen Sie ...«

»Irgendeine Schublade«, sagten er und Mrs. Ransome wie aus einem Munde.

»All diese Fotos«, sagte Mrs. Ransome. »Wer immer das war, er muß unendlich viel Geld haben. Sieht die Wohnung darauf nicht hübsch aus?«

»Sie ist hübsch«, sagte Martin. »Wir werden sie vermissen.«

»Nicht nur sind all unsere Sachen an der richtigen Stelle«, sagte Mr. Ransome, »auch die Räume sind an der richtigen Stelle.«

»Zwischenwände«, sagte Martin. »Sie müssen Zwischenwände mitgebracht haben.«

»Es gibt keine Decke«, sagte Mr. Ransome triumphierend. »Das haben sie nicht hingekriegt.«

»Sie haben den Kronleuchter hingekriegt«, sagte seine Frau. Und das hatten sie wirklich, indem sie ihn an einen passenden Balken gehängt hatten.

»Nun, ich glaube nicht, daß wir dieses Stadium unseres Vorgehens unnötig in die Länge ziehen müssen«, sagte Mr. Ransome. »Ich werde mit meiner Versicherung Kontakt aufnehmen und mitteilen, daß unsere Besitztümer gefunden wurden. Dort wird man dann zweifelsohne mit Ihnen Kontakt aufnehmen, damit alles aufgeladen und zurückgebracht werden kann. Es scheint nichts zu fehlen, aber in diesem Stadium kann man das nicht mit Sicherheit sagen.«

»Oh, es fehlt nichts«, sagte Martin. »Vielleicht ein oder zwei After Eights, aber die kann ich leicht wieder auffüllen.«

»Nein, nein«, sagte Mrs. Ransome, »das wird nicht nötig sein. Die ...«, und sie lächelte, »die gehen aufs Haus.«

Mr. Ransome runzelte die Stirn, und als Martin losging, um die verschiedenen Formulare zu holen, flüsterte er Mrs. Ransome zu, daß sie alles reinigen lassen müßten.

»Ich denke ungern daran, was sich hier alles abgespielt hat. Auf deiner Ankleidekommode lag ein Stück Küchenpapier, auf dem mit ziemlicher Sicherheit Blut klebte. Und ich habe das Gefühl, sie könnten in unserem Bett geschlafen haben.«

»Hier sind die Durchschläge«, sagte Martin. »Ein Durchschlag für Sie. Ein Durchschlag für mich. Ihre Effekten. Spricht man von ›Effekten‹, wenn jemand noch lebt? Oder nur, wenn er tot ist?«

»Tot«, sagte Mr. Ransome mit Autorität. »In unserem Fall ist es Eigentum.«

»Effekten«, sagte Martin. »Ein gutes Wort.«

Als sie auf dem Hof standen, zum Aufbruch bereit, küßte

Martin Mrs. Ransome auf beide Wangen. Er war ungefähr in dem Alter, in dem ihr Sohn gewesen wäre, dachte Mrs. Ransome, wenn sie denn einen gehabt hätten.

»Ich fühle mich, als gehörte ich zur Familie«, sagte er.

»Ja«, dachte Mr. Ransome; wenn sie einen Sohn gehabt hätten, hätte es sich so angefühlt. Ärgerlich, verwirrend. Ein Gefühl, drangekriegt worden zu sein. Es wäre nicht mehr ihr eigenes Leben gewesen.

Mr. Ransome brachte ein Händeschütteln zustande.

»Ende gut, alles gut«, sagte Martin und klopfte ihm auf die Schulter. »Passen Sie auf sich auf.«

»Woher wissen wir überhaupt, daß er nicht mit denen unter einer Decke steckte?« sagte Mr. Ransome im Auto.

»Er sieht nicht so aus«, sagte Mrs. Ransome.

»So? Und wie müßte er denn aussehen? Ist dir so etwas schon einmal untergekommen? Hast du je von so etwas gehört? Was für ein Typ müßte er denn sein, möchte ich gerne wissen?«

»Wir fahren ein wenig schnell«, sagte Mrs. Ransome.

»Ich werde natürlich die Polizei informieren müssen«, sagte Mr. Ransome.

»Sie haben sich vorher nicht dafür interessiert, dann werden sie sich jetzt nur noch weniger dafür interessieren.«

»Wer bist du?«

»Wie bitte?«

»Ich bin der Anwalt. Wer bist du? Bist du die Expertin?«

Sie fuhren eine Weile schweigend weiter.

»Selbstverständlich werde ich eine Entschädigung fordern. Für den Streß. Die Seelenqual. Die Unannehmlichkeiten. Das ist alles quantifizierbar und muß bei der abschließenden Einigung in Rechnung gezogen werden.«

In seinem Kopf verfaßte er bereits den Brief.

Einige Zeit später kam
der Inhalt der Wohnung
nach Naseby Mansions zurück,
und an einer der Kisten hing eine Karte,
auf der stand: »Alles kann jederzeit benutzt werden. Martin.« Und in Klammern: »Witz.« Mr. Ransome bestand darauf, daß alles wieder genauso angeordnet wurde, wie es vorher gewesen war. Das hätte sich als schwierig erweisen können, wäre da nicht das Aide-mémoire in Form von Mrs. Ransomes Fotoalbum gewesen. Dennoch war die Mannschaft, die die Möbel zurückbrachte, nicht so sorgfältig wie die Einbrecher, die sie weggebracht hatten, außerdem waren sie wesentlich langsamer. Doch als die Wohnung wieder vollständig eingeräumt war, als sämtliche Bezüge gewaschen, mit dem Staubsauger bearbeitet oder chemisch gereinigt worden waren, sah allmählich alles wieder aus wie zuvor, und das Leben kehrte zurück zu dem, was Mrs. Ransome, wenn auch heute nicht mehr so recht, aber früher einmal für normal gehalten hatte.

Mrs. Ransome probierte in dem jetzt wesentlich weniger

spartanischen Wohnzimmer sogleich ihren Schaukelstuhl aus Rohrgeflecht und den Teppich aus, während Mr. Ransome im Büro war; doch obwohl der Stuhl so bequem war wie immer, sah das Ganze nicht stimmig aus und gab ihr das Gefühl, in einem Kaufhaus zu sitzen. Daraufhin verbannte sie den Stuhl in das freie Zimmer, wo sie ihn von Zeit zu Zeit besuchte und sich hineinsetzte, um ihr Leben zu überdenken. Aber nein, es war nicht das gleiche, und schließlich stellte sie den Stuhl hinaus für den Hausmeister, der ihn seiner Einrichtung in dem Raum hinter der Heizung einverleibte, wo er gerade den Versuch machte, die Bücher von Jane Austen für sich zu entdecken.

Mr. Ransome erging es besser als seiner Frau, denn obwohl er der Versicherung den ursprünglichen Scheckbetrag zurückerstatten mußte, konnte er dennoch geltend machen, daß er bereits ein Paar neuer Lautsprecher geordert habe (hatte er nicht). Dies sollte in Rechnung gestellt und erstattet werden, was schließlich auch geschah. Auf diese Weise war er in der Lage, in einige Teile einer wirklich erstklassigen Ausrüstung zu investieren.

Im Laufe der nächsten Monate tauchten von Zeit zu Zeit Spuren von Martin und Cleo auf – ein Päckchen Verhütungsmittel (leer), das unter die Matratze geschoben worden war, ein seitlich unter das Sofa gestecktes Taschentuch und, in einer der Kaminsimsverzierungen, ein Klumpen einer in Silberpapier gewickelten harten, braunen Masse. Mrs. Ransome schnupperte vorsichtig daran, dann zog sie ihre Gummihandschuhe an und warf es ins Klo, wo sie annahm, daß es hingehörte. Es ließ sich allerdings erst nach mehreren Versuchen widerstrebend hinunterspülen, während Mrs. Ransome auf dem Badewannenrand saß und darauf wartete, daß der Tank sich wieder füllte, und sich fragte, wie es überhaupt auf den Kaminsims gekommen war. Ein Witz vielleicht, doch keiner, den sie Mr. Ransome mitteilte.

Seltsame Haare waren eine weitere Sache, die regelmäßig auftauchten, lange blonde, die offensichtlich Martin gehörten, und dunklere, gekräuseltere, die von Cleo stammen mußten. Das Vorkommen dieser Haare war nicht gerecht zwischen den Kleiderschränken von Mr. und Mrs. Ransome verteilt; da Mr. Ransome sich in der Tat nicht darüber beschwerte, ging sie davon aus, daß er niemals welche fand, denn sonst hätte er sie dies sicher wissen lassen.

Sie fand sie andererseits überall – zwischen ihren Kleidern, ihren Mänteln, ihrer Unterwäsche; seine Haare ebenso wie ihre, die kurzen ebenso wie die langen, so daß es ihr überlassen blieb, sich den Kopf darüber zu zerbrechen, was sie wohl getrieben haben mochten, was die normalen Geschlechter- und Anstandsgrenzen überschritten hatte. Hatte Martin ihre Unterhosen auf dem Kopf getragen, fragte sie sich (in einer fanden sich drei Haare), und war das Elastikband an ihrem Büstenhalter immer so lose gewesen wie jetzt (zwei Haare darin, eines blond, eines dunkel)?

Immerhin konnte sie eines Abends, als sie dem Kopfhörer tragenden Mr. Ransome gegenübersaß, voller Gleichmut, sogar mit einem kleinen Schauder darüber nachdenken, daß sie ihre Unterwäsche mit einer fremden Person geteilt hatte. Vielleicht auch mit zwei fremden Personen. »Du meinst nicht fremd«, würde Mr. Ransome sagen, doch das war nur noch ein Argument dafür, den Mund zu halten.

Es gab allerdings eine Erinnerung an die jüngste Vergangenheit, die sie gezwungenermaßen, wenn auch nur durch Zufall, miteinander teilten. Eines Samstags hatten sie zu Abend gegessen, und danach wollte Mr. Ransome eine Live-Übertragung von *Die Entführung aus dem Serail* auf Radio 3 aufnehmen. Mrs. Ransome, die sich überlegte, daß es am Samstagabend nie etwas Sehenswertes im Fernsehen gab, hatte sich hingesetzt, um einen Roman über ein paar glanzlose Ehebrüche irgendwo in den Cotswolds zu lesen. Mr. Ransome bereitete sich derweil auf die Aufnahme vor. Er hatte die Kassette eingelegt, von der er glaubte, sie sei leer, doch als er sie überprüfte, stellte er erstaunt fest, daß schallendes Gelächter einsetzte. Mrs. Ransome schaute auf. Mr. Ransome hörte lange genug zu, um festzustellen, daß da zwei Leute lachten, ein Mann und eine Frau, und da es kein Anzeichen dafür gab, daß sie aufhören würden, wollte er gerade ausschalten, als Mrs. Ransome sagte: »Nein, Maurice. Laß es. Vielleicht ist die Aufnahme ein Schlüssel.«

Also lauschten sie schweigend, wie das Gelächter beinahe ohne Unterbrechung ungefähr drei oder vier Minuten weiterging, bis es allmählich nachließ und abbrach; und wer auch immer es war, der da lachte, war jetzt atemlos und keuchte. Diese Atemlosigkeit verschmolz allmählich mit einem anderen Geräusch, das von der anderen Person verursacht wurde, einem Stöhnen und dann einem Schrei, der zu einem rhythmischen Stoßen wurde, das sich ebenso unnachgiebig und entschlossen anhörte, wie das andere albern und leichtfertig gewesen war. An einem bestimmten Punkt wurde das Mikrophon näher herangerückt, um ein Geräusch einzufangen, das so naß und feucht klang, daß es kaum menschlich wirkte.

»Es hört sich an«, sagte Mrs. Ransome, »als würde jemand Englische Creme kochen«, obwohl sie wußte, daß es das nicht war. Die Zubereitung von Englischer Creme geschah wohl selten mit so viel Anstrengung wie dies, noch wurde Englische Creme mit zustimmenden Schreien angefeuert, noch schrien die Köche auf, wenn die Englische Creme schließlich überkochte.

»Ich glaube nicht, daß wir uns das anhören wollen, oder?« sagte Mr. Ransome und schaltete um zu Radio 3, wo gerade das ehrerbietige Pssst! zu hören war, das dem Auftritt Claudio Abbados vorausging.

Als sie später im Bett lagen, sagte Mrs. Ransome: »Ich nehme an, wir sollten die Kassette besser zurückgeben, meinst du nicht?«

»Wozu?« sagte Mr. Ransome. »Die Kassette gehört mir. Außerdem können wir sie nicht zurückgeben. Sie ist gelöscht. Ich habe sie überspielt.«

Das war eine Lüge. Mr. Ransome hatte sie überspielen wollen, das stimmte, hatte dann aber das Gefühl gehabt, wann immer er die Musik hörte, würde er sich an das erinnern, was darunterlag, und damit würde jeder möglichen Erhabenheit ein Ende bereitet. Also hatte er die Kassette in den Küchenabfall geworfen. Dann, als Mrs. Ransome im Badezimmer war und sich die Zähne putzte, überlegte er es sich anders, ging wieder

zurück und fischte sie zwischen den Kartoffelschalen und den alten Teebeuteln wieder heraus. Er zupfte ein Stückchen Tomatenschale davon ab und versteckte die Kassette im Bücherregal hinter einem Band *Der Große Salm*, ein Versteck, wo er außerdem einen Vorrat an Fotos von irgendwelchen spießigen Beischlafakten aufbewahrte, ein Überbleibsel von einem unappetitlichen Scheidungsfall in Epsom, den er vor ein paar Jahren geführt hatte. Das Bücherregal war natürlich zusammen mit allem anderen nach Aylesbury gegangen, war aber intakt zurückgekehrt, das Versteck offensichtlich von Martin unentdeckt.

In Wirklichkeit war es ganz und gar nicht unentdeckt geblieben: Die Fotos waren es gewesen, über die er und Cleo auf der Kassette zuerst so gelacht hatten.

Die Schnappschüsse waren weder Martin ein Geheimnis geblieben, noch waren sie eines für Mrs. Ransome, die eines Nachmittags müßig das Bücherregal durchgesehen und sich gefragt hatte, was sie zum Abendessen kochen sollte. Dann hatte sie den Titel *Der Große Salm* gesehen und gefunden, er habe einen vagen kulinarischen Klang. Die Fotografien hatte sie unberührt wieder zurückgelegt, doch alle paar Monate oder so sah sie nach, ob sie noch da waren. Waren sie es, fühlte sie sich irgendwie beruhigt.

Und wenn Mr. Ransome jetzt manchmal in seinem Sessel saß und über Kopfhörer die *Zauberflöte* hörte, hörte er in Wirklichkeit etwas ganz anderes. Während er geistesabwesend seine lesende Frau ansah, waren seine Ohren voll mit Martin und Cleo, ihrem Stöhnen und Schreien und wie sie es wieder und wieder und wieder miteinander trieben. Egal, wie oft er sich die Kassette anhörte, Mr. Ransome war immer wieder aufs neue verwundert. Wie zwei menschliche Wesen sich einander und dem Moment so vollständig und hemmungslos hingeben konnten, lag jenseits seines Verständnisvermögens; es erschien ihm wie ein Wunder.

Da er sich die Kassette so häufig anhörte, wurde er damit genauso vertraut wie mit einem Mozart-Stück. Er lernte Martins langes Atemholen als den Anfang vom Ende eines geheimnisvollen Übergangs kennen (Cleo war auf Händen und Knien, Martin hinter ihr), wenn das sehnsüchtige Andante (kleine Maunzlaute des Mädchens) sich zu einem stoßenden Allegro assai (heisere Schreie von ihnen beiden) beschleunigte, das seinerseits wiederum Platz machte für eine noch rasendere Coda, ein plötzliches Rallentando (»Nein, nein, noch nicht«, heulte sie, dann »ja, ja, ja«), gefolgt von Keuchen, Seufzen, Stille und schließlich Schlaf. Mr. Ransome war kein phantasievoller Mann, dennoch ertappte er sich bei dem Gedanken, daß, wenn man aus solchen Kassetten eine Bibliothek zusammenstellte, man ihnen die sexuelle Entsprechung des Köchelverzeichnisses zuordnen könnte. Vielleicht wäre es sogar möglich, die Entwicklung eines bestimmten Stils beim Geschlechtsverkehr nachzuvollziehen – mit einer frühen, einer mittleren und einer späten Periode. Den ganzen Apparat Mozartscher Musikwissenschaft könnte man für diese neuen, derben Rhythmen adaptieren.

Solcherart waren Mr. Ransomes Gedanken, während er seiner Frau gegenübersaß, die es wieder einmal mit Barbara Pym versuchte. Sie wußte, daß er nicht Mozart hörte, auch wenn es wenige offenkundige Anzeichen gab und nichts so Vulgäres wie eine Beule in seiner Hose. Nein, lediglich Mr. Ransomes Gesicht hatte einen angespannten Ausdruck, ganz anders als sonst, wenn er seinen Lieblingskomponisten hörte. Jetzt zeigte es intensive Konzentration und das Gefühl, daß, wenn er nur genau genug zuhörte, er auf der Kassette etwas zu hören bekäme, was ihm bisher entgangen war.

Mrs. Ransome hörte sich die Kassette selbst gelegentlich an, doch da ihr die entsprechende Tarnung fehlte, beschränkte sie ihre Hörerfahrungen auf den Nachmittag. Sie holte ihre Haushaltsklappleiter und zog *Der Große Salm* heraus, griff dann dahinter nach der Kassette (die Fotos kamen ihr ebenso albern und lächerlich vor wie Martin und Cleo). Nachdem sie sich einen kleinen Sherry eingegossen hatte, machte sie es sich bequem, um ihnen beim Liebemachen zuzuhören, und wunderte sich auch nach mindestens einem Dutzend Anhörungen noch über Länge und Beharrlichkeit dieses Vorgangs und seinen wilden und wenig stilvollen Abschluß. Danach legte sie sich gewöhnlich auf das Bett und dachte daran, daß es dasselbe Bett war, auf dem das alles passiert war, und stellte sich wieder vor, wie es passierte.

Abgesehen von diesen im doppelten Sinne diskreten Epiphanien ging das Leben, nachdem sie ihre Habe wiedererlangt hatten, ziemlich genau so weiter wie zu der Zeit, bevor sie verlorengegangen war. Manchmal jedoch, wenn sie so auf dem Bett lag oder morgens darauf wartete aufzustehen, wurde Mrs. Ransome deprimiert und hatte das Gefühl, den Bus verpaßt zu haben; doch die Frage, welchen Bus oder wohin er fuhr, hätte sie nur schwer beantworten können. Vor dem Besuch in Aylesbury und der Rückgabe ihrer Sachen war sie davon überzeugt gewesen, daß der Einbruch eine Chance für sie war, und jeder einzelne Tag hatte eine kleine Ernte an Abenteuern mit sich gebracht – einen Besuch von Dusty, einen Gang zu Mr. Anwar, eine Fahrt die Edgeware Road hinauf. Nun, da sie wieder von ihrem Besitz umgeben war, befürchtete Mrs. Ransome, daß es vorbei sei mit den Abwechslungen; das Leben war zur Normalität zurückgekehrt, doch einer Normalität, in der sie sich inzwischen nicht mehr wohl fühlte und mit der sie auch nicht mehr zufrieden war.

Besonders die Nachmittage waren langweilig und voller Bedauern. Es stimmte, sie sah weiterhin fern, doch sie war nicht mehr so überrascht wie früher, wozu die Leute alles fähig waren, sondern leise neidisch (wie auf Martin und Cleo). Sie gewöhnte sich so sehr an die Gesprächsformen des Fernsehens, daß ihr gelegentlich selbst ein verräterischer Satz durchrutschte, zum Beispiel, als sie einmal bemerkte, daß auf dem 74er-Bus ganz schön was los gewesen sei.

»Ganz schön was los?« wiederholte Mr. Ransome. »Woher hast du denn diesen Ausdruck?«

»Warum?« fragte Mrs. Ransome unschuldig. »Ist er nicht in Ordnung?«

»Nicht in meinem Vokabular.«

Mrs. Ransome dachte, daß eigentlich jetzt die richtige Zeit für eine Beratung wäre; früher war es eine Option gewesen, nun wurde es eine Notwendigkeit, und deshalb versuchte sie, Dusty über die Nummer ihres Hilfetelefons zu erreichen.

»Es tut mir leid, doch Ms. Briscoe kann Ihren Anruf im Augenblick nicht entgegennehmen«, sagte eine Stimme vom Band, die sofort von einer realen Stimme unterbrochen wurde.

»Hallo. Hier spricht Mandy. Was kann ich für Sie tun?«

Mrs. Ransome erklärte, daß sie mit jemandem über die plötzliche Rückgabe all ihres gestohlenen Eigentums sprechen müsse. »Ich habe komplizierte Gefühle in dieser Sache«, sagte Mrs. Ransome und versuchte zu erklären.

Mandy hatte Zweifel. »Das könnte unter posttraumatisches Streß-Syndrom fallen«, sagte sie, »aber davon ausgehen würde ich nicht. Man macht uns Druck, seit wir uns dem Ende des Finanzjahrs nähern, und außerdem ist die Hilfe für Vergewaltigungen und Mord und ich-weiß-nicht-was-noch-alles bestimmt; und dann kriegen wir Anrufe von Leuten, die einfach bei ihrem Zahnarzt eine schlechte Erfahrung gemacht haben. Sie haben nicht das Gefühl, die Möbel seien schmutzig, oder?«

»Nein«, sagte Mrs. Ransome. »Wir haben ohnehin alles reinigen lassen.«

»Nun, wenn Sie die Quittungen behalten haben, könnte ich in Bickerton Road anrufen und dafür sorgen, daß Sie etwas zurückbekommen.«

»Kümmern Sie sich nicht darum«, sagte Mrs. Ransome. »Ich nehme an, ich werde schon zurechtkommen.«

»Nun, das müssen wir am Ende alle, nicht wahr?« sagte Mandy.

»Wie bitte?« fragte Mrs. Ransome.

»Wir müssen zurechtkommen, meine Liebe. Schließlich sind das die Spielregeln. Und wie Sie es beschrieben haben«, sagte Mandy, »scheinen die Einbrecher doch sehr fürsorglich gewesen zu sein.«

Mandy hatte recht, aber diese Fürsorglichkeit war gerade das Problem. Wäre es ein ganz normaler Einbruch gewesen, wäre es leichter, darüber hinwegzukommen. Sogar an den umfassenden Abtransport all dessen, was sie auf der Welt besaßen, hätte Mrs. Ransome sich gewöhnen können, sie hätte ›positiv‹ darüber denken, den Gedanken sogar genießen können. Doch es war dieses Total-Verschwinden, gepaart mit dem akribischen Wiederaufbau und der Rückgabe, was an ihr nagte. Wer konnte den Wunsch haben, sie in diesem Ausmaß auszurauben, um sich, nachdem er sie ausgeraubt hatte, zu einer solch makellosen Wiedergutmachung zu entschließen? Mrs. Ransome kam es sogar so vor, als wäre sie zweimal hintereinander beraubt worden, zuerst ihrer ganzen Habe, dann der Chance, diesen Verlust zu überwinden. Es war weder fair noch ergab es einen Sinn; sie überlegte, ob man so etwas vielleicht meinte, wenn man davon sprach, ›den Faden zu verlieren‹.

Die Ransomes bekamen selten Briefe. Gelegentlich eine Karte aus Kanada, wo Verwandte von Mr. Ransome mütterlicherseits lebten, die pflichtschuldig die Verbindung aufrechthielten; dann schrieb Mrs. Ransome eine ebenso farblose Karte zurück. Die Botschaft aus Kanada ging kaum über ein »Hallo. Wir sind noch da« hinaus, und ihre Antwort lautete: »Ja, wir auch.« Im allgemeinen bestand die Post jedoch aus Rechnungen und Geschäftsbriefen, und wenn sie sie unten in der Eingangshalle aus dem Fach holte, machte sich Mrs. Ransome kaum die Mühe, sie durchzusehen, und legte sie unbesehen auf den Flurtisch, wo sich Mr. Ransome vor dem Abendessen damit befaßte. An diesem besonderen Morgen hatte sie dieses Ritual gerade beendet, als ihr auffiel, daß der obere Brief aus Südamerika kam und daß er nicht an Mr. Ransome adressiert war, sondern an einen Mr. M. Hanson. Das war schon einmal passiert, und Mr. Ransome hatte den falsch zugestellten Brief mit einer Notiz, in der er den Hausmeister beziehungsweise den Briefträger für die Zukunft um mehr Sorgfalt bat, in das Hausmeisterfach gelegt.

Da sie der Kleinlichkeitskrämerei ihres Mannes weniger tolerant gegenüberstand als früher, wollte Mrs. Ransome nicht, daß sich dieser Vorgang wiederholte; deshalb legte sie den Brief zur Seite, um nach dem Mittagessen in den achten Stock hinaufzugehen, Mr. Hansons Tür ausfindig zu machen und ihn darunter hindurchzuschieben. Wenigstens wäre es ein Ausflug.

Es war mehrere Jahre her, seit sie oben im Haus gewesen war. Es hatte einige Veränderungen gegeben, das wußte sie, da Mr. Ransome den Vermietern wegen des Lärms, den die Arbeiter machten, und wegen des Schmutzes im Aufzug einen Beschwerdebrief hatte schreiben müssen. Aber da die Mieter kamen und gingen, ließ immer irgend jemand etwas machen, und Mrs. Ransome fand allmählich, daß Renovierungen zum Leben gehörten. Als sie sich aus dem Aufzug wagte, war sie dennoch überrascht, wie luftig inzwischen alles war; es hätte ein modernes Gebäude sein können, so hell und lichtdurchflutet und geräumig war der Flur. Im Gegensatz zu ihrem dunklen und zerkratzten Mahagony war die Holzverschalung hier abgebeizt und gebleicht worden; und während ihr Hausflur mit einem fleckigen und pockennarbigen orangefarbenen Bodenbelag bedeckt war, gab es hier einen dicken, rauchblauen Teppichboden, der an den Wänden hochgezogen war und jedes Geräusch dämpfte. Darüber befand sich ein achteckiges Oberlicht, unter dem ein dazu passendes achteckiges Sofa stand. Es sah weniger einem Flur in einem Wohnblock ähnlich, eher einem Hotel oder einem von diesen neuen Krankenhäusern. Und nicht nur die Ausstattung hatte sich verändert. Mrs. Ransome erinnerte sich, daß da mehrere Wohnungen gewesen waren, doch jetzt schien es nur noch eine zu geben, von den anderen Türen war keine Spur geblieben. Sie hielt Ausschau nach einem Namen an dieser einen Tür, um sicherzugehen; doch es gab weder einen Namen noch einen Briefkasten. Sie bückte sich, um den Brief aus Südamerika darunter hindurchzuschieben, doch der Teppich war so dick, daß sie ihn nicht hindurch bekam. Über Mrs. Ransomes Kopf und von ihr unbemerkt bewegte sich eine Sicherheitskamera, die sie für eine Lampe gehalten hatte, wie ein schwerfälliges Reptil in einer Reihe von geräuschlosen Zukkungen hin und her, bis sie sie im Bild hatte. Sie versuchte gerade, den Teppich flachzudrücken, als sie ein schwaches Summen hörte, und die Tür geräuschlos aufschwang.

»Kommen Sie herein«, sagte eine körperlose Stimme, und, den Brief hochhaltend wie eine Einladung, ging Mrs. Ransome hinein.

Im Flur war niemand, und sie wartete unsicher und mit einem hilfsbereiten Lächeln, falls jemand sie beobachtete. Der Flur war genauso geschnitten wie ihrer, aber doppelt so groß und wie der Hausflur ausgestattet, mit dem gleichen hellen Holz und verwischt bemalten Wänden. Offensichtlich hatte man eine Wand durchgebrochen, dachte sie, die Wohnung nebenan dazugenommen, vielleicht auch alle anderen Wohnungen, so daß das ganze Obergeschoß jetzt eine Wohnung war.

»Ich habe einen Brief für Sie«, sagte sie mit lauterer Stimme, als wenn jemand da gewesen wäre. »Er ist irrtümlicherweise bei uns angekommen.«

Kein Laut war zu hören.

»Ich glaube, er kommt aus Südamerika. Peru. Falls Ihr Name Hanson ist. Wie dem auch sei«, sagte sie verzweifelt, »ich lege ihn hierhin und gehe dann.«

Sie wollte den Brief gerade auf einen Plexiglaswürfel legen, den sie für einen Tisch hielt, als sie hinter sich einen erschöpften Seufzer hörte. Als sie sich umdrehte, stellte sie fest, daß die Tür sich schloß. Doch zur gleichen Zeit, wie die hinter ihr liegende Tür sich schloß, öffnete sich mit einem sanften Hauch die vor ihr, und durch sie hindurch blickte sie auf einen weiteren Türrahmen, in dem oben eine Stange angebracht war, und an dieser Stange hing ein junger Mann.

Er zog sich scheinbar ohne große Anstrengung an der Stange hoch und nannte laut eine Zahl. Er trug eine graue Trainingshose und Kopfhörer und sonst nichts. Er war bei 11 angekommen. Mrs. Ransome wartete, immer noch den Brief hochhaltend und nicht ganz sicher, wo sie hinschauen sollte. Es war lange her, seit sie jemandem so jung und so nackt so nahe gewesen war. Seine Hose war tief über die Hüften gerutscht, so daß sie die dünne blonde Haarlinie sah, die sich über seinen flachen Bauch zu seinem Nabel zog. Er wurde jetzt müde, und die beiden letzten Klimmzüge, 19 und 20, kosteten ihn große Mühe, und nachdem er »20« beinahe laut geschrien hatte, stand er keuchend da, eine Hand immer noch auf der Stange, die Kopfhörer um den Hals gelegt. Er hatte ein dünnes Büschel Haare unter den Armen, und gerade erst ein paar auf der Brust, und wie Martin hatte er ein Haarbüschel im Nacken, doch seines war länger und zu einem Knoten geschlungen.

Mrs. Ransome dachte, sie hätte in ihrem ganzen Leben noch niemand gesehen, der so schön war.

»Ich habe einen Brief mitgebracht«, fing sie von neuem an. »Er ist irrtümlicherweise bei uns angekommen.«

Sie hielt ihn ihm entgegen, doch er machte keine Anstalten, ihn zu nehmen; deshalb sah sie sich nach einem Platz um, wo sie ihn hinlegen konnte.

Mitten im Raum stand ein langer Refektoriumstisch, und an der Wand ein beinahe ebenso langes Sofa, doch dies waren die einzigen beiden Gegenstände im Zimmer, die Mrs. Ransome als ordentliche Möbel bezeichnet hätte. Überall verteilt gab es ein paar leuchtend bunte Plastikwürfel, von denen sie annahm, daß sie gelegentlich als Tische dienten, vielleicht auch als Hocker. Es gab eine hohe stählerne Pyramide mit Luftschlitzen, die eine ganz normale Lampe zu sein schien. Einen altmodischen Kinderwagen mit Weißwandreifen und riesigen, gebogenen Federn. An einer Wand stand ein Kummet und an einer anderen ein Kavaliershut und daneben ein ins Riesenhafte vergrößertes Foto von Lana Turner.

»Sie war ein Filmstar«, sagte der junge Mann. »Es ist ein Original.«

»Ja, ich erinnere mich«, sagte Mrs. Ransome.

»Wie, haben Sie sie gekannt?«

»O nein«, erwiderte Mrs. Ransome. »Außerdem war sie Amerikanerin.«

Der Boden war mit einem dicken weißen Teppich bedeckt, und sie stellte sich vor, daß darauf jeder Fleck zu sehen sein müsse, obwohl sie nirgends irgendwelche Flecken sehen konnte. Für Mrs. Ransome schien das alles nicht zusammenzupassen, dieser ganze Raum; und da eine der Wände aus Glas war und auf eine Terrasse hinausging, fühlte sie sich mehr an eine unfertige Schaufensterdekoration in einem Kaufhaus als an ein Wohnzimmer erinnert; ein Ballen Tweed, lässig über den Tisch geworfen, hätte dem Ganzen irgendwie einen Sinn gegeben.

Er sah, wie sie schaute.

»Die Wohnung war in Zeitschriften abgebildet«, sagte er. »Setzen Sie sich«, und nahm ihr den Brief ab.

Er saß an einem Ende des Sofas und sie am anderen. Er legte seine Füße hoch, und auch wenn sie ihre Füße hochgelegt hätte, wäre zwischen ihnen immer noch eine Menge Platz gewesen. Er betrachtete den Brief, drehte ihn ein-, zweimal um, ohne ihn zu öffnen.

»Er kommt aus Peru«, sagte Mrs. Ransome.

»Ja«, sagte er und riß ihn mitten durch.

»Vielleicht ist er wichtig«, sagte Mrs. Ransome.

»Alles ist immer wichtig«, sagte der junge Mann und ließ die Stücke auf den Teppich fallen.

Mrs. Ransome sah seine Füße an. Wie alles andere an ihm, was sie sehen konnte, waren sie perfekt; die Zehen nicht nach oben gebogen und nutzlos wie ihre eigenen oder die von Mr. Ransome. Seine waren lang, kräftig und sogar ausdrucksvoll; sie sahen aus, als könnten sie im Notfall für die Hände einspringen und sogar ein Musikinstrument spielen.

»Ich habe Sie nie im Aufzug gesehen«, sagte sie. »Ich habe

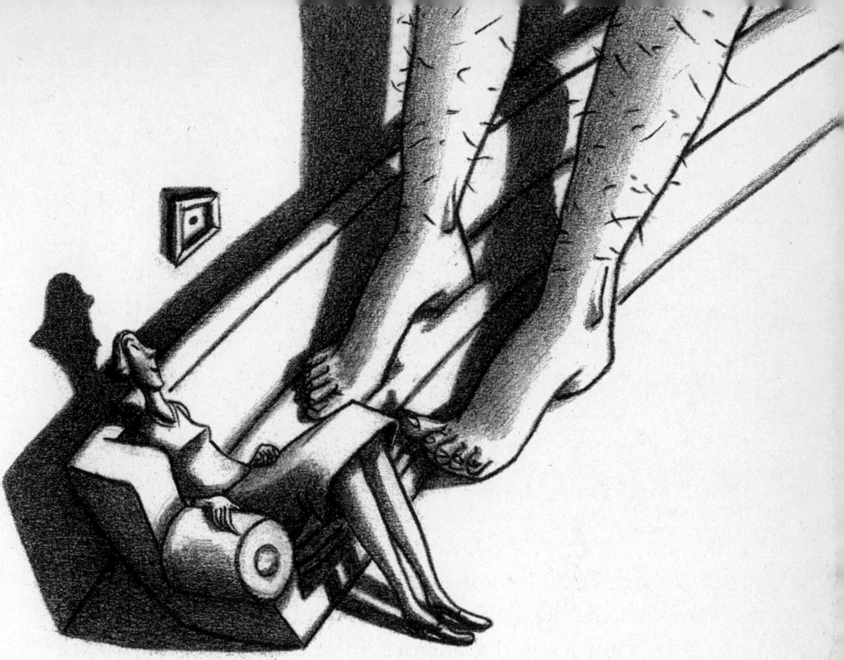

einen Schlüssel. Dann hält er nicht in den anderen Stockwerken.« Er lächelte. »Das ist praktisch.«

»Nicht für uns«, sagte Mrs. Ransome.

»Das stimmt«, und er lachte, ohne beleidigt zu sein. »Außerdem bezahle ich extra.«

»Ich wußte nicht, daß man das kann«, sagte Mrs. Ransome.

»Kann man auch nicht«, sagte er.

Mrs. Ransome kam der Gedanke, er könnte Sänger sein, hatte aber das Gefühl, wenn sie ihn fragte, könnte er aufhören, sie wie eine Gleichgestellte zu behandeln. Sie fragte sich auch, ob er Drogen genommen hatte. Schweigen schien ihm nichts auszumachen, und er lehnte sich lächelnd und entspannt zurück.

»Ich sollte gehen«, sagte Mrs. Ransome.

»Warum?«

Er strich über seine Achselhöhlen und wies dann mit einem Arm auf das Zimmer.

»Das ist alles von ihr.«

»Von wem?«

Er zeigte auf den zerrissenen Brief. »Sie hat die Wohnung eingerichtet. Sie ist Innenarchitektin. Oder war es. Jetzt hat sie eine Ranch in Peru.«

»Rinder?« fragte Mrs. Ransome.

»Pferde.«

»Oh«, sagte Mrs. Ransome. »Das ist schön. Das haben sicher noch nicht allzu viele Leute getan.«

»Was getan?«

»Zuerst Innenarchitekt gewesen und dann ... dann ... sich um Pferde gekümmert.«

Er dachte darüber nach. »Nein. Aber so war sie. Sporadisch, wissen Sie.« Er ließ den Blick über das Zimmer schweifen. »Gefällt es Ihnen?«

»Nun«, sagte Mrs. Ransome, »es ist ein wenig merkwürdig. Doch der Raum gefällt mir.«

»Ja, der Raum ist großartig. Brillant.«

Das hatte Mrs. Ransome nicht ganz gemeint, doch der Gedanke an Raum war ihr nicht fremd, da an den Nachmittagen eine Menge über Raum gesprochen wurde; daß die Leute ihn brauchten, daß man ihn ihnen lassen mußte und daß er nicht übertreten werden durfte.

»Sie hat die Wohnung hergerichtet«, sagte er, »und dann ist sie hier natürlich eingezogen.«

»Und da hatten Sie das Gefühl«, sagte Mrs. Ransome (und genausogut hätte sie ihre ersten, zögerlichen Schritte in Urdu tun können, so seltsam fühlte der Satz sich auf ihren Lippen an), »Sie hatten das Gefühl, daß sie in Ihren Raum eingedrungen ist.«

Er deutete bestätigend mit einem seiner schönen Füße auf sie.

»Ist sie. Ist sie. Wirklich, nehmen Sie einmal den verdammten Kinderwagen …«

»Ich erinnere mich an diese Art«, sagte Mrs. Ransome.

»Ja, schon, natürlich, aber offensichtlich«, sagte er, »obwohl es für mich nicht offensichtlich war, steht er nicht als Kinderwagen hier. Er steht hier als Objekt. Und er mußte haargenau an diesem verdammten Platz stehen. Und weil ich, nun, weil ich ihn zufällig bewegt habe, ungefähr einen Zentimeter, wurde Madame zur Bestie. Drohte damit, alles wegzunehmen. Die Wohnung kahl zurückzulassen. Als ob mir das nicht egal wäre. Wie auch immer, *she 's history.*«

Da sie in Peru war, hatte Mrs. Ransome das Gefühl, sie sei auch ein wenig Geographie, sprach es aber nicht aus. Stattdessen nickte sie und sagte: »Männer haben andere Bedürfnisse.«

»Stimmt.«

»Schmerzt es Sie?« fragte Mrs. Ransome.

»Es hat mich geschmerzt«, sagte der junge Mann, »aber jetzt gewinne ich langsam Abstand. Ich denke, das muß man.«

Mrs. Ransome nickte weise.

»War sie außer sich?« fragte sie und sehnte sich danach, seinen Fuß zu halten.

»Hören Sie«, sagte er, »diese Frau war immer außer sich.« Er starrte aus dem Fenster.

»Wann hat sie Sie verlassen?«

»Ich weiß es nicht. Ich vergesse die Zeit. Vor drei, vier Monaten.«

»Etwa im Februar?« sagte Mrs. Ransome. Und es war keine Frage.

»Genau.«

»Hanson, Ransome«, sagte sie. »Das ist nicht wirklich ähnlich, aber ich nehme an, wenn man aus Peru kommt ...«

Er verstand nicht, warum sollte er auch; deshalb erzählte sie es ihm, erzählte ihm die ganze Geschichte, angefangen mit ihrer Rückkehr von der Oper, dann von der Polizei und der Fahrt hinaus nach Aylesbury, den ganzen Bericht.

Als sie fertig war, sagte er: »Ja, das klingt ganz nach Paloma. So etwas sieht ihr ähnlich. Sie hatte einen eigenartigen Sinn für Humor. So sind die Südamerikaner.«

Mrs. Ransome nickte, als könnten irgendwelche Lücken in diesem Bericht der Region und der wohlbekannten Unbeständigkeit ihrer Bewohner in die Schuhe geschoben werden; die Weite der Pampas, die Länge des Amazonas – mit diesen Phänomenen verglichen, was war da ein schlichter Einbruch in Nordlondon? Dennoch, eine Frage nagte an ihr.

»Wen hat sie angeheuert, der das mit solcher Sorgfalt ausgeführt hat?« fragte Mrs. Ransome.

»Oh, das ist ganz einfach. Roadies.«

»Roadies?« sagte Mrs. Ransome. »Meinen Sie Straßenbauarbeiter?«

»Eine Bühnenmannschaft. Jungs, die Sets aufbauen. Haben das Schloß geknackt. Fotos gemacht. Ihr Set auseinandergenommen und es in Aylesbury wieder aufgebaut. Wahrscheinlich ein Designer-Job. Die machen das so oder so ständig. Kein Problem, nichts ist zu mühsam ... vorausgesetzt, man bezahlt extra.« Er zwinkerte ihr zu. »Außerdem«, er sah sich in dem spärlich möblierten Raum um, »war es ja keine besonders große Angelegenheit. Ist Ihre Wohnung so wie diese?«

»Nicht ganz«, sagte Mrs. Ransome. »Unsere ist ... nun ... komplizierter.«

Er zuckte die Achseln. »Sie konnte zahlen. Sie ist reich. Wie dem auch sei«, sagte er, stand vom Sofa auf und nahm

ihre Hand,
»es tut mir leid,
daß Sie meinetwegen Unannehmlichkeiten hatten.«

»Hatte ich nicht«, sagte Mrs. Ransome. »Am Anfang war es, nun, irgendwie komisch, wissen Sie, aber ich habe versucht, es positiv zu sehen. Und ich denke, ich bin daran gewachsen, wissen Sie.«

Sie standen neben dem Kinderwagen.

»Wir hatten einmal so einen«, sagte Mrs. Ransome. »Kurz.« Das war etwas, worüber sie seit dreißig Jahren nicht gesprochen hatte.

»Ein Baby?«

»Er hätte Donald heißen sollen«, sagte Mrs. Ransome, »aber soweit ist es nie gekommen.«

Nicht ahnend, daß es sich hier um eine Offenbarung handelte, streichelte der junge Mann nachdenklich seine Brustwarze, während er sie in den Flur hinausbegleitete.

»Danke, daß Sie das Geheimnis aufgeklärt haben«, sagte sie und (das Kühnste, was sie in ihrem Leben je getan hatte) berührte sachte seine nackte Hüfte. Sie war darauf gefaßt, daß er zurückzucken würde, doch er tat es nicht und auch sein Verhalten veränderte sich nicht – er lächelte immer noch ganz entspannt. Doch auch er mußte sich gedacht haben, daß etwas jenseits des Gewöhnlichen erforderlich war, denn er nahm ihre Hand, führte sie an die Lippen und küßte sie.

Eines Nachmittags ein paar Wochen später kam Mrs. Ransome mit ihren Einkäufen zu den Naseby Mansions und sah draußen einen Möbelwagen stehen. Als sie die Eingangshalle im Erdgeschoß durchquerte, begegnete sie einem jungen Mann mit einem Kavaliershut auf dem Kopf und einem Kummet um den Hals. Er schob einen Kinderwagen.

»Zieht er aus?« fragte sie den jungen Mann.

»Jaah.« Er stützte sich auf den Kinderwagen. »Wieder einmal.«

»Zieht er oft um?«

»Hören Sie, Verehrteste. Dieser Typ zieht um wie andere Leute aufs Klo gehen. Das Ganze« – und er wies auf den Kinderwagen, das Kummet und den Kavaliershut – »fliegt raus. Offensichtlich werden wir jetzt chinesisch.«

»Kommen Sie, ich helfe Ihnen«, sagte Mrs. Ransome und nahm ihm den Kinderwagen ab, als er sich bemühte, ihn durch die Tür zu schieben. Sie rollte ihn die Rampe hinunter und schaukelte ihn sachte, während sie wartete, bis er die anderen Sachen neben dem Möbelwagen abgestellt hatte.

»Eine Weile her, seit Sie so einen geschoben haben«, sagte er, als er ihn ihr abnahm. Sie stand mit ihren Einkäufen auf der Mauer neben dem Eingang und sah zu, wie er Decken um die Möbel packte, und fragte sich, ob er einer von den Roadies war, die ihren Umzug gemacht hatten. Sie hatte Mr. Ransome nicht erzählt, wie es zu dem Einbruch gekommen war; teilweise, weil er ein Getue gemacht hätte, darauf bestanden hätte, in den obersten Stock zu gehen, um persönlich ein Wörtchen mit dem jungen Mann zu reden. (»Steckt wahrscheinlich mit denen unter einer Decke«, hätte er gesagt.) Es war ein Zusammentreffen, das sich Mrs. Ransome nicht vorstellen konnte, ohne es peinlich zu finden. Als der Möbelwagen davonfuhr, winkte sie und ging nach oben.

Ende der Geschichte, so dachte Mrs. Ransome, doch eines Sonntagnachmittags zwei Monate später erlitt Mr. Ransome einen Schlaganfall. Mrs. Ransome war in der Küche und räumte die Spülmaschine ein, als sie einen Schlag hörte, ins andere Zimmer ging und ihren Mann vor dem Bücherregal auf dem Boden liegen sah. In einer Hand hielt er eine Kassette, in der anderen ein schmutziges Foto, und *Der Große Salm* lag geöffnet auf dem Fußboden. Mr. Ransome war bei Bewußtsein, konnte jedoch weder sprechen noch sich bewegen.

Mrs. Ransome tat all das Richtige, schob ihm ein Kissen unter den Kopf und breitete eine Decke über ihn, ehe sie den Krankenwagen rief. Sie hoffte, ihre Tüchtigkeit und Umsicht würden ihren daniederliegenden Mann sogar in seinem geschlagenen Zustand beeindrucken, doch als sie auf ihn niederblickte, während sie darauf wartete, mit der richtigen Dienststelle verbunden zu werden, entdeckte sie in seinen Augen keine Anzeichen von Billigung oder Dankbarkeit, sondern lediglich einen Ausdruck schieren Entsetzens.

Außerstande, die Aufmerksamkeit seiner Frau auf die Kassette in seiner Hand zu lenken oder sie auch nur loszulassen, beobachtete ihr hilfloser Mann, wie Mrs. Ransome rasch die Fotos aufsammelte, und irgend etwas tief in seinem Hinterkopf registrierte, wie wenig Interesse oder Überraschung diese lahme alte Schweinerei hervorrief. Zuletzt (man hörte bereits das Martinshorn des Krankenwagens, der am Park entlangfuhr) kniete sie sich neben ihn und nahm ihm die Kassette aus den wächsernen Fingern und steckte sie ohne viel

Aufhebens in ihre Schürzentasche. Sie hielt eine Sekunde lang seine Hand (die immer noch so gekrümmt war, als würde sie noch die anstößige Kassette umklammern) und dachte, daß der Ausdruck in seinen Augen jetzt vielleicht nicht mehr Entsetzen war, sondern Scham; deshalb lächelte sie, drückte seine Hand und sagte: »Es ist nicht wichtig.« In diesem Augenblick klingelten die Männer vom Krankenwagen.

Mr. Ransome ist in dieser Erzählung nicht gut weggekommen; scheinbar ungerührt von den Ereignissen, hat er sich, im Gegensatz zu seiner Frau, weder verändert noch an Format gewonnen. Hätte er einen Hund gehabt, stünde er vielleicht in besserem Lichte da, doch so praktisch Naseby Mansions auch am Park gelegen ist, in einer Wohnung eingesperrt zu sein, ist doch kein Leben für einen Hund. Ein Hobby hätte ihm geholfen, es hätte allerdings ein anderes Hobby sein müssen als Mozart, denn die Suche nach der perfekten Aufführung war lediglich dazu angetan, Mr. Ransome in seiner Pedanterie und allgemein fehlenden Wärme zu bestärken. Nein, um zu lernen, die Dinge zu nehmen, wie sie kommen, wäre er bei den weniger aufgeräumten Künsten besser aufgehoben gewesen, der Fotografie, zum Beispiel, oder der Aquarellmalerei; und auch wenn es den Anschein hat, als hätte nur Mrs. Ransome den Verlust von Baby Donald gefühlt (und auch wenn Mr. Ransome als Vater kein Zuckerschlecken gewesen wäre), hätte ein Sohn seine Kanten vielleicht ein wenig abgeschliffen und das Leben unordentlicher gemacht – so waren Sauberkeit und Ordnung das einzige, was ihm in seinen mittleren Jahren noch etwas bedeutete. Wenn man es genau betrachtet, wird er hier dafür verurteilt, daß er nicht aus seinem Schneckenhaus herausgekommen ist, und wäre da ein Kind gewesen, hätte es vielleicht gar kein Schneckenhaus gegeben.

Jetzt liegt er stumm und bewegungslos auf der Intensivstation, und der Ausdruck ›Schneckenhaus‹ scheint es ziemlich gut zu beschreiben. Irgendwo hört er die Stimme seiner Frau, nahe, aber gleichzeitig auch fern und mit einem kleinen Echo, als wäre sein Ohr ein Schneckenhaus und er ein Lebewesen darin. Die Krankenschwestern haben Mrs. Ransome erklärt, daß er mit Sicherheit hören kann, was sie sagt, und da sie glaubt, daß es vielleicht nicht der Schlag ist, den er vielleicht nicht überleben wird, sondern viel eher die Scham und die Demütigung, die damit einhergingen, konzentriert sich Mrs. Ransome darauf, ersteres aufzuklären. »Wenn wir das mit dem Sex besser hinkriegen«, denkt sie, »werden wir die Sache mit dem Schlaganfall vielleicht einmal als Segen betrachten.«

Und so, während sie sich ein bißchen albern vorkommt, weil die Unterhaltung notwendigerweise vollkommen einseitig ist, beginnt Mrs. Ransome, sich mit ihrem bewegungslosen Mann zu unterhalten, oder vielmehr, da auf der Station noch andere Patienten liegen, ihm ins Ohr zu flüstern. Mr. Ransome sieht aus dem linken Augenwinkel von ihr nur die leicht behaarte, gepuderte Kurve ihrer wohlmeinenden Wange.

Sie erzählt ihm, daß sie seit Jahren von seiner ›Albernheit‹, wie sie es nennt, weiß und daß es da nichts gebe, weswegen man sich schämen müßte, denn schließlich sei es ja nur Sex. In seinem Schneckenhaus versucht Mr. Ransome herauszufinden, was ›sich schämen‹ ist, und sogar über ›Gefühl‹ ist er sich nicht mehr ganz sicher, von ›Sex‹ gar nicht zu reden; die Wörter scheinen sich von ihren Bedeutungen gelöst zu haben. Dieses Vernünftigsein gegenüber Mr. Ransomes Albernheit bringt Mrs. Ransome nahezu an die Grenzen ihres emotionalen Wortschatzes; da sie nie viel über solche Dinge gesprochen hat, fehlen ihr einen Moment lang die Worte. Dennoch schmerzt dies alles Mr. Ransome, auch wenn er ganz starr ist, und sie müssen auf jeden Fall miteinander reden. Und während sie so seine schlaffe Hand leicht in der ihren hält, beginnt Mrs. Ransome ihm ins Ohr zu flüstern, in einer Sprache, von der ihr jetzt aufgeht, daß sie sie für einen Zwischenfall genau wie diesen gelernt hat.

»Ich finde es schwierig, mit dir zu kommunizieren, Maurice«, fängt sie an. »Wir haben es immer so schwierig gefunden, miteinander zu kommunizieren, du und ich, aber ich verspreche dir, wir werden es lernen.« Während sie ihre Lippen an sein unerschütterliches Ohr preßt, sieht sie in Großaufnahme die steifen grauen Härchen, die er während seiner Badezimmersitzungen hinter verschlossenen Türen immer mit der geschwungenen Schere schneidet. »Die Schwestern sagen, daß du wieder lernen wirst zu sprechen, Maurice, und ich werde es mit dir zusammen lernen. Wir werden gemeinsam lernen, wieder miteinander zu sprechen.« Die Worte wirbeln um sein Ohr und sinken unverstanden ein.

Mrs. Ransome spricht langsam. Es ist, wie wenn man Brei in den Mund eines Babys löffelt; wie man das unaufgegessene Essen vom Mund abwischt, konnte Mrs. Ransome beinahe das Ohr von dem Brei der unbeachteten Worte sauberwischen.

Trotzdem, und dafür verdient sie Anerkennung, macht sie weiter.

»Ich werde dich nicht verurteilen, Maurice, weißt du, denn ich habe keinen Grund dazu.« Und sie erzählt ihm, daß sie heimlich ebenfalls die Kassette gehört hat.

»Aber in Zukunft, Maurice, schlage ich vor, daß wir sie zusammen hören, daß wir sie dazu benutzen, unsere Ehe aufzupolieren ... denn am Ende, mein Liebling, geht es in der Ehe um Entscheidungen, und um etwas zu bekommen, muß man etwas hineingeben.«

Es purzelt heraus, die ehemals schüchterne Mrs. Ransome ist besessen von einem ganzen Lexikon der Fürsorge und Zuwendung, das sich in das Ohr ihres Mannes ergießt. Sie spricht von Perspektiven und Sex und wie er lustvoll und zwanglos bis an den Rand des Grabes weitergehen kann, und sie entwirft eine Zukunft, in der dies dazugehören wird, und daß sie, sobald er wieder auf den Beinen ist, sich richtig Zeit nehmen werden, um einander zu berühren.

»Wir haben einander nie in die Arme genommen, Maurice. Wir müssen uns in Zukunft umarmen.«

Behängt wie er ist mit Schläuchen und Drainagen und Monitoren, ist es keineswegs einfacher, den kranken Mr. Ransome zu umarmen als den gesunden, deshalb beschränkt sich Mrs. Ransome darauf, seine Hand zu küssen. Und da sie gerade ihre Vision von der Zukunft mit ihm geteilt hat – taktil, kommunikativ, gesellig –, möchte sie dies jetzt mit einem Stück aus *Così* krönen. Genau das könnte den Zweck erfüllen, denkt sie.

Mit großer Vorsicht, um keinen der anderen von Mr. Ransomes Drähten zu lösen, die schließlich keine Unterhaltungskanäle sind, setzt ihm Mrs. Ransome deshalb behutsam den Kopfhörer auf. Ehe sie die Kassette in das Gerät schiebt, hält sie sie ihm vor die starren Augen.

»*Così*«, artikuliert sie. Und lauter: »Mozart?«

Sie schaltet das Gerät ein und forscht im unveränderten Gesicht ihres Mannes nach irgendeiner Reaktion. Es gibt keine. Sie stellt es etwas lauter, aber nicht laut, sagen wir, mezzo forte. Mr. Ransome, der das Wort ›Mozart‹ gehört hat, ohne zu wissen, ob es eine Sache ist oder ein Mensch oder vielleicht ein Sattelschlepper, krümmt sich bewegungslos unter einem Sperrfeuer von Geräuschen, die für ihn völlig bedeutungslos sind und denen nicht mehr Muster oder Sinn unterliegt als den Blättern eines Baumes, nur daß die Blätter an dem Baum Noten zu sein scheinen und jemand in diesem Baum sitzt und kreischt (es ist Dame Kiri). Es ist erschütternd. Es ist schrecklich. Es ist laut.

Vielleicht ist es dieses letzte furchtbare Begreifen, daß Mozart für ihn überhaupt keinen Sinn ergibt, oder vielleicht liegt es daran, daß Mrs. Ransome, als sie feststellt, daß er immer noch nicht reagiert, beschließt, den Ton noch lauter zu stellen, sozusagen als letzten Versuch; und der Klang vibriert in Mr. Ransomes Ohren, und es sind die Vibrationen, die ihn erledigen; wie dem auch sei, etwas passiert in seinem Kopf, und der empfindliche Sack, der sich zwischen den Blutgefäßen gebildet hat, zerplatzt, und Mr. Ransome vernimmt lauter und zwingender als jede Musik, die er je gehört hat, in seinen Ohren ein Röhren; es gibt ein plötzliches, kurzes Andante, er hustet leise und stirbt.

Mrs. Ransome bemerkt nicht sofort, daß die gelähmte Hand ihres Mannes nun nicht einmal mehr das ist; und es wäre schwierig, anhand seines Aussehens oder sogar, indem man ihn berührte, zu begreifen, daß etwas passiert ist. Der Bildschirm hat sich verändert, doch Mrs. Ransome kennt sich mit Bildschirmen nicht aus. Da Mozart jedoch nicht zu funktionieren scheint, nimmt sie ihrem Mann die Kopfhörer ab, und erst, als sie die leichtsinnigen Drähte von den ernsthaften löst, sieht sie, daß sich auf dem Bildschirm in der Tat etwas verändert hat, und ruft die Schwester.

Die Ehe war Mrs. Ransome oft als eine Art Parenthese erschienen, und es paßt, daß das, was sie zu der Schwester sagt (»Ich glaube, er ist von uns gegangen«), hier ebenfalls in Parenthese steht und daß es diese letzte kleine Parenthese ist, die die größere Parenthese zu einem Ende bringt.

Die Schwester überprüft den Monitor, lächelt traurig und legt Mrs. Ransome fürsorglich ihre Hand auf die Schulter. Dann zieht sie den Vorhang vor und läßt Mann und Frau ein letztes Mal zusammen allein. Und so sind die Klammern geschlossen, die zweiunddreißig Jahre zuvor geöffnet wurden, und Mrs. Ransome geht als Witwe nach Hause.

Dann entsteht eine angemessene Pause. Da das Fernsehen sie für Verlustprozesse und Trauertechniken geschult hat, beachtet Mrs. Ransome diese Pause; sie gibt sich reichlich Zeit zu trauern und mit ihrem Verlust zurechtzukommen, und allgemein gesprochen, wo es um die Witwenschaft geht, macht sie nichts falsch.

Wenn sie zurückblickt, scheint ihr, daß der Einbruch und alles, was seither geschehen ist, eine Art Lehrzeit gewesen sind. Jetzt, denkt sie, kann ich anfangen.